总体国家安全观学习纲要

中共中央宣传部
中央国家安全委员会办公室

学习出版社
人民出版社

中共中央宣传部
中央国家安全委员会办公室
关于认真组织学习《总体国家安全观学习纲要》的通知

各省、自治区、直辖市党委宣传部，中央和国家机关各部委、各人民团体宣传部门，全国党委国家安全系统，各中管金融企业党委，部分国有重要骨干企业党组（党委），部分高等学校党委，中央军委政治工作部宣传局：

党的十八大以来，以习近平同志为核心的党中央顺应时代发展大势，从新时代坚持和发展中国特色社会主义的战略高度，把马克思主义国家安全理论和当代中国安全实践、中华优秀传统战略文化结合起来，创造性提出了总体国家安全观。党的十九大将坚持总体国家安全观纳入新时代坚持和发展中国特色社会主义的基本方略，并写入党章，反映了全党全国人民的共同意志。总体国家安全观是我们党历史上第一个被确立为国家安全工作指导思想的重大战略思想，是中国共产党和中国人民捍卫国家主权、安全、发展利益百年奋斗实践经验和集体智慧的结晶，是马克思主义国家安全理论中国化的最新成果，是习近平新时代中国特色社会主义思想的重要组成部分，是新时代国家安全工作的根本遵循和行动指南。

根据党中央统一部署，为把学习贯彻习近平新时代中国特色社会主义思想特别是总体国家安全观不断引向深入，中共中央宣传部、中央国安办组织编写了《总体国家安全观学习纲要》（以下简称《纲要》）。《纲要》全面反映习近平新时代中国特色社会主义思想在国家安全方面的原创性贡献，系统阐释总体国家安全观的基本精神、基本内容、基本方法、基本要求，为广大干部群众学习贯彻总体国家安全观提供了权威辅助读物。

各级党委（党组）要坚持不懈用习近平新时代中国特色社会主义思想武装头脑、指导实践、推动工作。要组织党员认真学习领会总体国家安全观的重大意义、核心要义、精神实质、丰富内涵、实践要求，坚持读原著、学原文、悟原理，努力掌握贯穿其中的马克思主义立场观点方法，不断深化认识，全面理解把握。要把《纲要》纳入学习计划，作为党委（党组）理论学习中心组学习、干部培训、党员学习的重要内容。全国党委国家安全系统要结合工作实际组织好本系统党员干部的学习。要坚持全面系统学、及时跟进学、深入思考学、联系实际学，更加自觉用总体国家安全观指导驾驭纷繁复杂国家安全形势、提高应对风险挑战能力，切实把学习成效转化为坚决维护国家主权、安全、发展利益的生动实践。

要通过广泛的学习宣传阐释工作，引导广大干部群众进一步学懂弄通做实习近平新时代中国特色社会主义思想，深入学习贯彻总体国家安全观，深刻领会“两个确立”的决定性意义，增强“四个意识”、坚定“四个自信”、做到“两个维护”，在思想上政治上行动上同以习近平同志为核心的党中央保持高度一致，不忘初心、牢记使命，常怀远虑、居安思危，砥砺奋进、攻坚克难，坚定不移走中国特色国家安全道路，不断开创新时代国家安全工作新局面，为夺取全面建设社会主义现代化国家新胜利、实现中华民族伟大复兴的中国梦不懈奋斗。

中共中央宣传部

中央国家安全委员会办公室

2022 年 4 月

目　录

总体国家安全观是新时代国家安全工作的根本遵循和行动指南

(1) 二〇一四年四月十五日，习近平总书记在中央国家安全委员会第一次会议上，创造性提出总体国家安全观，为新时代国家安全工作提供了强大思想武器。党的十九大将坚持总体国家安全观纳入新时代坚持和发展中国特色社会主义的基本方略，并写入党章，反映了全党全国人民的共同意志。总体国家安全观是我们党历史上第一个被确立为国家安全工作指导思想的重大战略思想，是习近平新时代中国特色社会主义思想的重要组成部分，是当代中国对世界的重要思想理论贡献。

(2) 总体国家安全观根植于中国特色社会主义新时代。时代是思想之母，实践是理论之源。进入新时代，面对百年大变局、世纪大疫情、复兴大跨越，我国国家安全形势发生重大变化。当前，世界进入动荡变革期，国际战略格局、全球治理体系、综合国力竞争深刻复杂演变，不稳定性不确定性显著上升，危和机同生共存。中华民族伟大复兴进入关键阶段，面临难得的机遇，具有根本政治保证、坚实物质支撑、强大精神力量、牢固群众基础。同时，外部环境更趋复杂严峻，传统安全和非传统安全问题交织互动，各种风险挑战前所未有，人民群众安全需求更趋强烈更加多元，对国家安全提出更高要求。新一轮科技革命和产业变革加速演进，推动国家安全斗争手段、方式发生革命性变化，提出许多新挑战新问题。推进国家安全体系和能力现代化，解决长期积累的体制性障碍、结构性矛盾、政策性问题，筑牢全面建设社会主义现代化国家安全屏障，任务艰巨繁重。总体国家安全观正是在对时代发展大势的深邃思考，对坚持和拓展中国特色国家安全道路的不懈探索中创立并不断发展的。

(3) 总体国家安全观继承了我们党维护国家安全的理论成果和实践经验，体现了中华文化底蕴、彰显了中华民族风骨。

我们党诞生于国家内忧外患、民族危难之时，对国家安全的重要性有着刻骨铭心的认识，始终把维护国家安全工作紧紧抓在手上。新中国成立后，以毛泽东同志为主要代表的中国共产党人，将保卫新生的人民民主政权，维护国家独立、主权和领土完整作为国家安全工作的首要任务，战胜了帝国主义、霸权主义的侵略、破坏和武装挑衅，胜利进行了保卫祖国边疆的斗争，独立研制出“两弹一星”，恢复了我国在联合国的一切合法权利，提出了和平共处五项原则、“三个世界”划分等战略思想。改革开放以来，我们党毫不动摇坚持四项基本原则，坚决排除各种干扰，有力应剧变、平风波、稳边疆、战洪水、防疫情、抗地震、化危机，实现香港、澳门顺利回归，推动海峡两岸关系打开新局面，保持了社会大局长期稳定，为改革开放和社会主义现代化建设创造了良好安全环境。以邓小平同志为主要代表的中国共产党人，作出和平与发展是当今时代主题的重大判断，强调中国的问题压倒一切的是需要稳定，提出国家主权和安全要始终放在第一位等战略思想。以江泽民同志为主要代表的中国共产党人，作出我国发展处于重要战略机遇期的科学判断，积极促进世界多极化和国际关系民主化，提出互信互利平等协作的新安全观等战略思想。以胡锦涛同志为主要代表的中国共产党人，紧紧抓住和努力维护国家发展重要战略机遇期，坚持走和平发展道路，提出实施互利共赢的开放战略等战略思想。

总体国家安全观汲取了中华优秀传统文化的精髓。中华民族重大的历史进步，多是在一些重大风险爆发之后，在艰难困苦中历练取得的。敢于直面风险、战胜风险，是中华民族和中国人民的强大基因，是中华文化、中国精神的精华。中华优秀传统文化中蕴含着丰富的国家安全战略思想，如强调忧患意识，“安而不忘危，存而不忘亡，治而不忘乱”；注重民本思想，“民惟邦本，本固邦宁”；倡导和平共处，“和衷共济”、“和合共生”；主张讲信修睦，“亲仁善邻，国之宝也”；力求内外兼顾，“内事文而和，外事武而义”；重视刚柔并济，“方而又刚，柔而又圆，求安难矣”；推崇张弛有度，“文武之道，一张一弛”；等等。这为总体国家安全观的形成提供了丰厚的文明滋养。

(4) 总体国家安全观推动中国特色国家安全理论和实践实现历史性飞跃。党的十八大以来，以习近平同志为主要代表的中国共产党人，把马克思主义国家安全理论和当代中国安全实践、中华优秀传统战略文化结合起来，顺应时代发展，系统回答了中国特色社会主义进入新时代，如何既解决好大国发展进程中面临的共性安全问题，同时又处理好中华民族伟大复兴关键阶段面临的特殊安全问题这个重大时代课题，创造性提出了总体国家安全观。总体国家安全观是马克思主义国家安全理论中国化的最新成果，是中国共产党和中国人民捍卫国家主权、安全、发展利益百年奋斗实践经验和集体智慧的结晶，在我们党的历史上第一次形成了系统完整的国家安全理论，标志着我们党对国家安全基本规律的认识达到了新高度。

中国特色社会主义进入新时代，习近平总书记强调保证国家安全是头等大事，亲自担任中央国家安全委员会主席，亲自谋划、亲自部署、亲自指挥，发表一系列重要讲话、作出一系列重要指示，不断丰富和发展总体国家安全观。二〇一八年四月，习近平总书记在十九届中央国家安全委员会第一次会议上进一步阐述了总体国家安全观，提出坚持人民安全、政治安全、国家利益至上的有机统一，坚持维护和塑造国家安全等重大论断。二〇二〇年十月，党的十九届五中全会强调牢牢守住安全发展底线，首次把统筹发展和安全纳入“十四五”时期我国经济社会发展的指导思想，历史性地用专章对筑牢国家安全屏障作出战略部署。二〇二〇年十二月，习近平总书记在主持十九届中央政治局第二十六次集体学习时，对总体国家安全观作出全面、系统、完整的论述，阐明了新时代国家安全工作的总体目标，提出“十个坚持”的工作要求。二〇二一年十一月，党的十九届六中全会突出强调“两个确立”，系统总结新时代维护国家安全取得的重大成就和宝贵经验，为新征程上贯彻总体国家安全观、做好国家安全工作提供了基本遵循。

在以习近平同志为核心的党中央坚强领导下，在总体国家安全观的科学指导下，新时代国家安全工作取得历史性成就，实现了分散到集中、迟缓到高效、被动到主动的历史性变革。党着力推进国家安全体系和能力建设，设立中央国家安全委员会，党中央的集中统一领导全面加强，国家安全体系基本形成，国家安全能力显著提升，人民防线不断巩固，全民国家安全意识显著增强。坚定维护政权安全、制度安全、意识形态安全，顶住和反击外部极端打压遏制，推动香港局势实现由乱到治的重大转折，深入开展涉台、涉疆、涉藏、涉海等斗争，稳步推进兴边富民、稳边固边，妥善处置周边安全风险，反渗透反恐怖反分裂斗争卓有成效。党把安全发展贯穿国家发展各领域全过程，防控经济金融风险取得重大进展，关键核心技术攻关取得重要进展，扫黑除恶专项斗争取得胜利，生态环境保护发生历史性、转折性、全局性变化，妥善应对重大自然灾害，统筹疫情防控和经济社会发展，网络、数据、人工智能、生物、太空、深海、极地等新型领域安全能力持续增强，有力应对海外利益风险挑战。国家主权、安全、发展利益得到全面维护，社会大局保持长期稳定，我国成为世界上最有安全感的国家之一。

习近平总书记是总体国家安全观的创立者。面对新时代国家安全形势的重大变化尤其是来自外部的各种围堵、打压、捣乱、颠覆活动，习近平总书记深刻指出，必须发扬不信邪、不怕鬼的精神，同企图颠覆中国共产党领导和我国社会主义制度、企图迟滞甚至阻断中华民族伟大复兴进程的一切势力斗争到底。在领导全党全国人民进行具有许多新的历史特点的伟大斗争中，习近平总书记以“我将无我，不负人民”的领袖情怀，应时代之变迁、立时代之潮头、发时代之先声，提出一系列具有原创意义的新理念新思想新战略，为创立和发展总体国家安全观发挥了决定性作用、作出了决定性贡献。

总体国家安全观，集中反映了习近平总书记深邃的政治智慧、非凡的斗争艺术、杰出的领导才能，是新时代国家安全的制胜之道。这一思想，坚持马克思主义国家安全理论，围绕发展和安全、独立自主和对外开放、维稳和维权、秩序和活力等重大命题，深刻把握人民安全、政治安全、国家利益至上的关系，作出一系列创造性阐发，为我们从政治上全局上认识和把握国家安全提供了根本指导；发扬斗争精神，与时俱进创新国家安全斗争艺术，强调统筹维护和塑造国家安全，打人民战争、总体战，为我们始终把握国家安全工作主动权提供了策略方法；秉承马克思主义政党本色，彰显强烈使命担当、鲜明人民立场、深沉忧患意识、宏大战略思维、卓越创新精神，立起了新时代中国共产党人做好国家安全工作的行为准则。这些是总体国家安全观活的灵魂，是深刻理解和全面把握总体国家安全观的金钥匙。

（5）总体国家安全观内涵丰富、思想深邃，是一个系统完整、逻辑严密、相互贯通的科学理论体系。

总体国家安全观的关键是“总体”。强调大安全理念，涵盖政治、军事、国土、经济、金融、文化、社会、科技、网络、粮食、生态、资源、核、海外利益、太空、深海、极地、生物、人工智能、数据等诸多领域，而且将随着社会发展不断动态调整。强调做好国家安全工作的系统思维和方法，加强科学统筹，做到统筹发展和安全、统筹开放和安全、统筹传统安全和非传统安全、统筹自身安全和共同安全、统筹维护国家安全和塑造国家安全，着力解决国家安全工作不平衡不充分的问题。强调国家安全要贯穿到党和国家工作全局各方面、各环节，绝非某一领域、单一部门的职责，必须把安全和发展置于同等重要地位，同步决策部署，同样积极落实。强调打总体战，形成汇聚党政军民学各战线各方面各层级的强大合力，全社会全政府全体系全手段应对重大国家安全风险挑战。

总体国家安全观的核心要义，集中体现为“十个坚持”：坚持党对国家安全工作的绝对领导，坚持中国特色国家安全道路，坚持以人民安全为宗旨，坚持统筹发展和安全，坚持把政治安全放在首要位置，坚持统筹推进各领域安全，坚持把防范化解国家安全风险摆在突出位置，坚持推进国际共同安全，坚持推进国家安全体系和能力现代化，坚持加强国家安全干部队伍建设。

“一个总体”、“十个坚持”有机融合、有机统一，凝结着我们党坚持和发展中国特色国家安全的宝贵经验，反映了以习近平同志为核心的党中央对国家安全工作规律性认识的深化、拓展、升华，体现了理论与实践相结合、认识论和方法论相统一的鲜明特色。

（6）总体国家安全观经受住了关系我国改革发展稳定全局的重大风险考验，显示出强大生命力，在新时代党和国家工作全局中具有重大而深远的意义。

总体国家安全观深化了我们党对中国特色社会主义建设规律的认识，为发展马克思主义国家安全理论作出了重大原创性贡献。总体国家安全观，坚持马克思主义立场观点方法，运用总体战略思维和宽广世界眼光把握国家安全，在我们党的思想谱系上第一次提出统筹发展和安全两件大事，第一次明确将安全列为人民美好生活需要的重要内容，深刻揭示了中国特色国家安全的本质特征，深入阐发了一系列具有原创性、时代性的重要观点，不仅为国家安全工作提供了根本遵循，而且贯穿到党和国家工作各方面全过程，为推动我国实现由大向强的历史性飞跃提供了重要理论指引。

总体国家安全观经过实践检验、富有实践伟力，为维护和塑造新时代国家安全提供了行动纲领。当前和今后一个时期，国家安全形势严峻复杂，战略压力明显加大，风险挑战明显增多，应对难度明显提升。总体国家安全观与新时代国家安全实践相生相成、共进并行，承载着为实现中华民族伟大复兴提供坚强保障的历史使命，为我们在危机中育先机、于变局中开新局提供了安全战略指引。在总体国家安全观指引下，中国特色国家安全道路必将越走越宽广，新时代国家安全事业前景无限光明。

总体国家安全观提炼中华优秀传统战略文化，总结我们党维护国家安全的理论和实践成果，为坚持把马克思主义基本原理同中国具体实际相结合、同中华优秀传统文化相结合树立了光辉典范。总体国家安全观继承和发扬中华优秀传统文化，对新中国成立以来中央领导集体的国家安全战略思想进行了科学总结，以新的视野、新的认识赋予新的时代内涵，并上升到统筹发展和安全、推动构建人类命运共同体的历史新高度，在中国特色国家安全实践中展现出强大的真理力量和独特的思想魅力。

总体国家安全观开辟了国家安全治理新路径，为推动和完善全球安全治理贡献了中国方案。总体国家安全观蕴含着中国特色国家安全治理的价值理念、工作思路和机制路径，为那些既希望维护社会安全稳定又希望保持自身独立性的国家提供了重要借鉴。总体国家安全观摒弃了零和博弈、绝对安全、结盟对抗等旧观念，倡导共同、综合、合作、可持续的全球安全观，在国际上树立起合作包容的国家安全理念，得到国际社会积极响应和广泛认同。

（7）实践探索永无止境，理论创新永无止境。总体国家安全观是一个不断发展的开放的理论体系，必将随着中国特色国家安全实践的深入推进而丰富发展，必将指引中国人民创造更加伟大的奇迹。

在当代中国，坚持和发展总体国家安全观，就是真正坚持和发展马克思主义国家安全理论，就是真正坚持和拓展中国特色国家安全道路。必须全面贯彻落实总体国家安全观，让总体国家安全观在新时代伟大斗争中绽放出更加灿烂的真理光芒！

一、国家安全是安邦定国的重要基石

——关于新时代国家安全的战略地位

1. 保证国家安全是头等大事

(8) 国家安全是国家生存发展的基本前提。国泰民安是人民群众最基本、最普遍的愿望，维护国家安全是全国各族人民根本利益所在。习近平总书记指出："实现中华民族伟大复兴的中国梦，保证人民安居乐业，国家安全是头等大事。"没有安全和稳定，一切都无从谈起。如果安全这个基础不牢，发展的大厦就会地动山摇。

(9) 中华民族有五千多年的文明历史，创造了灿烂的中华文明，为人类作出了卓越贡献，成为世界上伟大的民族。"国泰民安"、"睦邻友邦"、"天下太平"、"天下大同"等理念世代相传。在世界工业革命如火如荼、人类社会发生深刻变革的时期，中国的封建统治者却没有睁开眼睛看世界，夜郎自大，丧失了与世界同进步的历史机遇，变成落伍者，落到了被动挨打的境地。一八四〇年鸦片战争以后，西方列强在中华大地上恣意妄为，封建统治者孱弱无能，中国逐步成为半殖民地半封建社会，国家蒙辱、人民蒙难、文明蒙尘，中国人民和中华民族遭受了前所未有的劫难。

中国产生了共产党，这是开天辟地的大事变，深刻改变了近代以后中华民族发展的方向和进程，深刻改变了中国人民和中华民族的前途和命运，深刻改变了世界发展的趋势和格局。在新民主主义革命时期，我们党团结带领人民找到了一条农村包围城市、武装夺取政权的正确革命道路，进行了二十八年浴血奋战，建立了中华人民共和国。新中国成立以来，党中央对发展和安全高度重视，始终把维护国家安全工作紧紧抓在手上。在社会主义革命和建设时期，我们党团结带领人民确立社会主义基本制度，完成了中华民族有史以来最为广泛而深刻的社会变革，抵御了帝国主义侵略扩张，捍卫了新中国安全，保卫了中国人民和平生活，拼来了山河无恙、家国安宁。进入改革开放和社会主义现代化建设新时期，党始终把维护国家安全和社会安定作为党和国家的一项基础性工作。我们成功应对一系列重大风险挑战、克服无数艰难险阻，保持了我国社会大局稳定，为改革开放和社会主义现代化建设营造了良好环境。

党的十八大以来，中国特色社会主义进入新时代。维护国家安全和社会稳定任务繁重艰巨，国家安全在党和国家工作全局中的重要性日益凸显。面临复杂多变的安全和发展环境，党中央统筹国内国际两个大局，办好发展安全两件大事，加强对国家安全工作的集中统一领导，把坚持总体国家安全观纳入新时代坚持和发展中国特色社会主义的基本方略，从全局和战略高度对国家安全作出一系列重大决策部署，强化国家安全工作顶层设计，完善各重要领域国家安全政策，健全国家安全法律法规，有效应对了一系列重大风险挑战，保持了我国国家安全大局稳定。

2. 把握新发展阶段国家安全面临的新机遇新挑战

（10）新发展阶段是全面建设社会主义现代化国家、向第二个百年奋斗目标进军的阶段。进入新发展阶段，国内外环境的深刻变化既带来一系列新机遇，也带来一系列新挑战。

从国际看，世界百年未有之大变局进入加速演变期，国际环境日趋错综复杂。一方面，和平与发展仍然是时代主题，新一轮科技革命和产业变革深入发展，国际力量对比深刻调整，人类命运共同体理念深入人心。另一方面，国际形势的不稳定性不确定性明显增加，新冠肺炎疫情大流行影响广泛深远，经济全球化遭遇逆流，民粹主义、排外主义抬头，单边主义、保护主义、霸权主义对世界和平与发展构成威胁，国际经济、科技、文化、安全、政治等格局都在发生深刻复杂变化。

从国内看，我国继续发展具有多方面优势和条件，也面临着许多前所未有的困难和挑战。全面建成小康社会为全面建设社会主义现代化国家创造了有利条件，经济实力、科技实力、综合国力跃上新的大台阶。同时，随着我国社会主要矛盾变化和国际力量对比深刻调整，我国发展面临的内外部风险空前上升，如果发生重大风险又扛不住，国家安全就可能面临重大威胁。

综合分析国内外形势，当前和今后一个时期，我国发展仍然处于重要战略机遇期，但机遇和挑战都有新的发展变化。过去我们是顺势而上，机遇比较好把握；现在要顶风而上，把握机遇的难度就不一样了。过去大环境相对平稳，风险挑战比较容易看清楚；现在世界形势动荡复杂，地缘政治挑战风高浪急，暗礁和潜流又多，对应变能力提出了更高要求。过去我们发展水平低，同别人的互补性就多一些；现在我们发展水平提高了，同别人的竞争性就多起来了。我们的判断是危和机并存、危中有机、危可转机，机遇更具有战略性、可塑性，挑战更具有复杂性、全局性，挑战前所未有，应对好了，机遇也就前所未有。要深入分析，全面权衡，善于从眼前的危机、眼前的困难中捕捉和创造机遇。只要准确识变、科学应变、主动求变，善于决策时运筹帷幄、落实时如臂使指，我们就一定能够在抗击大风险中创造出大机遇，始终立于不败之地。

3. 为实现中华民族伟大复兴提供坚强安全保障

（11）实现中华民族伟大复兴是中华民族近代以来最伟大的梦想。中国共产党团结带领中国人民进行的一切奋斗、一切牺牲、一切创造，归结起来就是一个主题：实现中华民族伟大复兴。新中国成立七十多年来，党领导人民创造出世所罕见的经济快速发展奇迹和社会长期稳定奇迹。经过全党全国各族人民持续奋斗，我们实现了第一个百年奋斗目标，在中华大地上全面建成了小康社会，历史性地解决了绝对贫困问题，迎来了从站起来、富起来到强起来的伟大飞跃，迎来了实现中华民族伟大复兴的光明前景。

现在，我们比历史上任何时期都更接近中华民族伟大复兴的目标，比历史上任何时期都更有信心、有能力实现这个目标。同时，必须清醒地看到，我们越发展壮大，遇到的阻力和压力就会越大，面临的外部风险就会越多。这是我国由大向强发展进程中无法回避的挑战，是实现中华民族伟大复兴绕不过的门槛，什么时候都不要想象可以敲锣打鼓、顺顺当当实现我们的奋斗目标。

我们要开创中华民族伟大复兴新局面，就必须冷静审视深刻复杂变化的国际形势，全面把握艰巨繁重的改革发展稳定任务，牢固树立总体国家安全观，加快构建新安全格局。要把责任扛在肩上，时刻准备应对重大挑战、抵御重大风险、克服重大阻力、解决重大矛盾，以不畏艰险、攻坚克难的勇气，以昂扬向上、奋发有为的锐气，不断把中华民族伟大复兴事业推向前进。

二、坚持党对国家安全工作的绝对领导

——关于新时代国家安全的根本保证

1. 坚持党的绝对领导是做好国家安全工作的根本原则

（12）中国共产党是中国特色社会主义事业的领导核心，处在总揽全局、协调各方的地位。习近平总书记指出："党政军民学，东西南北中，党是领导一切的，是最高的政治领导力量。"中国共产党领导是中国特色社会主义最本质的特征，是中国特色社会主义制度的最大优势，是党和国家的根本所在、命脉所在，是全国各族人民的利益所系、命运所系。

中国共产党领导是历史的选择、人民的选择，是实现中华民族伟大复兴的根本保证。中国共产党是中国工人阶级的先锋队，同时是中国人民和中华民族的先锋队，在推动中国历史前进中发挥着无可替代的领导核心作用。深入了解中国近代以来的历史，就不难发现，如果没有中国共产党领导，我们的国家、我们的民族不可能取得今天这样的发展成就，也不可能具有今天这样的国际地位。没有中国共产党，就没有新中国，就没有中华民族伟大复兴。

党的十八大以来，党确立习近平总书记党中央的核心、全党的核心地位，确立习近平新时代中国特色社会主义思想的指导地位，反映了全党全军全国各族人民共同心愿，对新时代党和国家事业发展、对推进中华民族伟大复兴历史进程具有决定性意义。新的征程上，我们必须坚持党的全面领导，不断完善党的领导，增强政治意识、大局意识、核心意识、看齐意识，坚定道路自信、理论自信、制度自信、文化自信，坚决维护习近平总书记党中央的核心、全党的核心地位，坚决维护党中央权威和集中统一领导，牢记“国之大者”，不断提高党科学执政、民主执政、依法执政水平，充分发挥党总揽全局、协调各方的领导核心作用。

（13）坚持党对国家安全工作的绝对领导，是维护国家安全和社会安定的根本保证。历史和现实都告诉我们，正是因为始终坚持党的集中统一领导，我们才能实现伟大历史转折、开启改革开放新时期和中华民族伟大复兴新征程，才能成功应对一系列重大风险挑战、克服无数艰难险阻。

坚持党的绝对领导，首先要维护党中央权威和集中统一领导。习近平总书记指出：“中国特色社会主义大厦需要四梁八柱来支撑，党是贯穿其中的总的骨架，党中央是顶梁柱。”维护党中央权威和集中统一领导，是我国革命、建设、改革的重要经验，是一个成熟的马克思主义执政党的重大建党原则，任何时候任何情况下都不能含糊、不能动摇。党的历史经验表明，凡是党中央权威和集中统一领导坚持得好，党的事业就兴旺发达；反之，党的事业就遭受挫折。维护党中央权威，决不是一般问题和个人的事，而是方向性、原则性问题，是党性，是大局，关系党、民族、国家前途命运。要加强党对国家安全工作的集中统一领导，正确把握当前国家安全形势，全面贯彻落实总体国家安全观，把党中央精神和本地区本部门实际有机结合起来，把党中央大政方针不折不扣落实到位。

在坚持党的领导这个重大原则问题上，我们脑子要特别清醒、眼睛要特别明亮、立场要特别坚定，绝不能有任何含糊和动摇。坚持党的领导是方向性问题，必须旗帜鲜明、立场坚定，决不能羞羞答答、语焉不详，决不能遮遮掩掩、搞自我麻痹。要把思想和行动统一到党中央对国家安全工作的决策部署上来，坚持以党的旗帜为旗帜、以党的方向为方向、以党的意志为意志，确保思想一致、行动一致、步调一致。

要自觉把工作放在党中央工作大局中考量和部署，自觉做到党中央提倡的坚决响应、党中央决定的坚决执行、党中央禁止的坚决不做，执行党中央决策部署不讲条件、不打折扣、不搞变通。

2. 把党的领导贯穿到国家安全工作各方面全过程

（14）党的领导必须是全面的、系统的、整体的。做好新时代国家安全工作，必须加强统筹协调，把党的领导贯穿到国家安全工作各方面全过程。

坚定做到“两个维护”。“两个维护”是党的最高政治原则和根本政治规矩。党和国家大政方针的决定权在党中央，必须以实际行动维护党中央一锤定音、定于一尊的权威。党的任何组织和成员，无论在哪个领域、哪个层级、哪个单位，都要服从党中央集中统一领导。要从事关党和国家前途命运的战略高度，坚决维护习近平总书记党中央的核心、全党的核心地位。要教育引导党员干部从历史和现实、理论和实践、国内和国际的结合上深刻认识、强化认同，不断增强拥护核心、跟随核心、捍卫核心的思想自觉、政治自觉、行动自觉，始终同以习近平同志为核心的党中央保持高度一致。要自觉维护党中央权威和集中统一领导，坚决贯彻党的意志和主张，严守政治纪律和政治规矩，经得住各种风浪考验，在大是大非问题面前立场坚定、旗帜鲜明，在关键时刻敢于冲锋陷阵、发声亮剑。

充分发挥党总揽全局、协调各方的领导核心作用。习近平总书记对党的领导核心作用作了鲜明生动的阐述，他指出："形象地说是'众星捧月'，这个'月'就是中国共产党。在国家治理体系的大棋局中，党中央是坐镇中军帐的'帅'，车马炮各展其长，一盘棋大局分明。"坚持党对国家安全工作的领导，要坚持系统思维和全局观念，加强前瞻性思考、全局性谋划、战略性布局、整体性推进，不断提高党把方向、谋大局、定政策、促改革的能力和定力。要建立健全坚持和加强党的领导的组织体系、制度体系、工作机制，形成落实党的领导纵到底、横到边、全覆盖的工作格局。

加强党对一切工作的领导，这一要求不是空洞的、抽象的，要在各方面各环节落实和体现。党中央的领导不是清谈馆，不能议而不决，必须令行禁止。要把贯彻党中央精神体现到谋划重大战略、制定重大政策、部署重大任务、推进重大工作的实践中去，经常对表对标，及时校准偏差。要抓住突出短板和薄弱环节，分清轻重缓急，加强政策配套，加强协同攻坚，加强督察落实，确保各项目标任务按时保质完成。要增强狠抓落实本领，勇于攻坚克难，有真抓的实劲、敢抓的狠劲、善抓的巧劲、常抓的韧劲，以钉钉子精神做实做细做好各项工作。

3. 完善集中统一、高效权威的国家安全领导体制

（15）党的十八届三中全会决定成立中央国家安全委员会，目的就是更好适应我国国家安全面临的新形势新任务，建立集中统一、高效权威的国家安全体制，加强对国家安全工作的领导。中央国家安全委员会主要职责是制定和实施国家安全战略，推进国家安全法治建设，制定国家安全工作方针政策，研究解决国家安全工作中的重大问题。中央国家安全委员会成立以来，坚持党的全面领导，贯彻落实总体国家安全观，解决了许多长期想解决而没有解决的难题，办成了许多过去想办而没有办成的大事，国家安全工作得到全面加强，牢牢掌握了维护国家安全的全局性主动。

习近平总书记指出："要坚持党对国家安全工作的绝对领导，实施更为有力的统领和协调。"我们建立健全党对重大工作的领导体制机制，优化党中央决策议事协调机构，负责重大工作的顶层设计、总体布局、统筹协调、整体推进，目的是要使党对涉及党和国家事业全局的重大工作实施更为有效的统领和协

调，加强统的层次和力度，更好行使有关职权，提高工作效能，保证党中央令行禁止和工作高效。决策议事协调机构重点是谋大事、议大事、抓大事，听取各方面的意见和建议，更好坚持民主集中制，提高决策的科学性。同时，决策议事协调机构对重大工作的领导是总揽，不是事无巨细都抓在手上。中央国家安全委员会要遵循集中统一、科学谋划、统分结合、协调行动、精干高效的原则，聚焦重点，抓纲带目，紧紧围绕国家安全工作的统一部署狠抓落实。要发挥好统筹国家安全事务的作用，抓好国家安全方针政策贯彻落实，完善国家安全工作机制，着力在提高把握全局、谋划发展的战略能力上下功夫，不断增强驾驭风险、迎接挑战的本领。

（16）落实好国家安全工作责任制，是加强党对国家安全工作领导的重要机制保障。各级党委（党组）是维护国家安全的责任主体，要按照中央国家安全委员会决策部署，管理好本地区本部门涉国家安全事务。各地区要建立健全党委统一领导的国家安全工作责任制，强化维护国家安全责任，守土有责、守土尽责。要把抓落实摆在突出位置，制定具体方案，明确责任分工，防止任务落空，坚持一级抓一级、层层抓落实。要衔接好重点领域责任链条，明确责任链条分界点、衔接点，确保责任链条无缝对接。

4. 坚持推进国家安全体系和能力现代化

（17）坚持和完善中国特色社会主义制度、推进国家治理体系和治理能力现代化，是关系党和国家事业兴旺发达、国家长治久安、人民幸福安康的重大问题。要把党的领导落实到国家治理各领域各方面各环节，推进国家治理体系和治理能力现代化。

国家安全体系和能力现代化是国家安全制度及其执行能力的集中体现。中央国家安全委员会成立以来，初步构建了国家安全体系主体框架，形成了国家安全理论体系，完善了国家安全战略体系，建立了国家安全工作协调机制，国家安全工作得到全面加强。

（18）坚持推进国家安全体系和能力现代化，要适应新时代新要求，以改革创新为动力，加强法治思维，构建系统完备、科学规范、运行有效的国家安全制度体系，提高运用科学技术维护国家安全的能力，不断增强塑造国家安全态势的能力。

继续完善国家安全制度体系。要完善风险防控机制，建立健全风险研判机制、决策风险评估机制、风险防控协同机制、风险防控责任机制，主动加强协调配合。要加强保障国家安全的制度性建设，借鉴其他国家经验，研究如何设置必要的“玻璃门”，在不同阶段加不同的锁，有效处理各类涉及国家安全的问题。必须强化制度执行力，加强对制度执行的监督，切实防止各自为政、标准不一、宽严失度等问题的发生，充分发挥制度指引方向、规范行为、提高效率、维护稳定、防范化解风险的重要作用。

要始终坚持在法治轨道上推进国家安全体系和能力现代化。更加重视法治、厉行法治，强化法治思维，运用法治方式，更好发挥法治固根本、稳预期、利长远的重要作用，坚持依法应对重大挑战、抵御重大风险、克服重大阻力、解决重大矛盾。要坚持统筹推进国内法治和涉外法治，协调推进国内治理和国际治理。要加强国家安全法治保障，积极推进国家安全、科技创新、公共卫生、生物安全、生态文明、防范风险、涉外法治等重要领域立法，依法防范、制止、打击危害我国国家安全和利益的违法犯罪活动。要加快涉外法治工作战略布局，形成系统完备的涉外法律法规体系，综合利用立法、执法、司法等手段开展斗争，提升涉外执法司法效能，坚决维护国家主权、尊严和核心利益。

要深入开展国家安全宣传教育，切实增强全民国家安全意识。以总体国家安全观为指导，全面实施国家安全法，开展好全民国家安全教育日活动。要把国家安全教育纳入国民教育和精神文明建设体系，推动国家安全教育进企业、进农村、进社区、进学校、进家庭，加强国家安全公益宣传，积极引导社会舆论和公众情绪，动员全党全社会共同努力，汇聚起维护国家安全的强大力量，夯实国家安全的社会基础。

（19）全面提升国家安全能力，更加注重协同高效，更加注重法治思维，更加注重科技赋能，更加注重基层基础。要加大对维护国家安全所需的物质、技术、装备、人才、法律、机制等保障方面的能力建设，更好适应国家安全工作需要。

增强塑造国家安全态势的能力。坚持维护和塑造国家安全，塑造是更高层次更具前瞻性的维护。要积极塑造外部安全环境，加强安全领域合作，引导国际社会共同维护国际安全。要引导国际社会共同塑造更加公正合理的国际新秩序，发挥负责任大国作用，同世界各国一道，推动构建人类命运共同体。

加强国家安全战略谋划能力。战略问题是一个政党、一个国家的根本性问题。战略上判断得准确，战略上谋划得科学，战略上赢得主动，党和人民事业就大有希望。不论国际形势如何变幻，我们要保持战略定力、战略自信、战略耐心。要观大势、察风险、谋远略、控全局，坚持以全球思维谋篇布局，坚持原则性和策略性相统一，加强战略谋划和前瞻布局，完善国家安全战略和政策，把维护国家安全的战略主动权牢牢掌握在自己手中。

提高运用科学技术维护国家安全的能力。科技从来没有像今天这样深刻影响国家安全和军事战略全局。只有秉持科学精神、把握科学规律、大力推动自主创新，才能够把国家发展建立在更加安全、更为可靠的基础之上。现在，能源安全、粮食安全、网络安全、生态安全、生物安全、国防安全等风险压力不断增加，需要依靠更多更好的科技创新保障国家安全。要强化事关国家安全和经济社会发展全局的重大科技任务的统筹组织，为经济社会发展、保障和改善民生、保障国防安全提供有力科技支撑。

5. 坚持加强国家安全干部队伍建设

（20）国家安全干部队伍是维护国家主权、安全、发展利益，建设和发展中国特色社会主义的重要力量，为保卫社会主义国家政权、保持社会和谐稳定、保护人民生命财产安全发挥了重要作用。实践证明，国家安全干部不愧是党和人民可以信赖的忠诚卫士，不愧是甘于奉献的无名英雄，党和人民永远不会忘记。

打造坚不可摧的国家安全干部队伍。要加强国家安全系统党的建设，坚持以政治建设为统领，教育引导国家安全部门和各级干部增强“四个意识”、坚定“四个自信”、做到“两个维护”。要把能力建设作为一项重要任务，突出实战、实用、实效导向，全面提升法律政策运用能力、防控风险能力、群众工作能力、科技应用能力、舆论引导能力。要坚持严管和厚爱结合、激励和约束并重，把从严管理干部贯彻落实到国家安全干部队伍建设全过程，努力营造风清气正、干事创业的良好生态。要关心和爱护国家安全干部队伍，为他们提供便利条件和政策保障，做到政治上激励、工作上鼓劲、待遇上保障、人文上关怀，千方百计帮助解决各种实际困难，让他们安身、安心、安业。

三、坚持中国特色国家安全道路

——关于新时代国家安全的道路选择

1. 道路问题直接关系党和人民事业兴衰成败

（21）方向决定前途，道路决定命运。道路错误，我们不仅达不到目标，甚至可能中断中华民族伟大复兴的进程。一个国家走的道路行不行，关键要看是否符合本国国情，是否顺应时代发展潮流，能否带来经济发展、社会进步、民生改善、社会稳定，能否得到人民支持和拥护，能否为人类进步事业作出贡献。独特的文化传统，独特的历史命运，独特的国情，注定了中国必然走适合自己特点的发展道路。我们自己的路，就是中国特色社会主义道路。这条道路，是中国共产党带领中国人民历经千辛万苦、付出巨大代价开辟出来的，是符合中国国情、适合时代发展要求的正确道路。历史已经并将继续证明，只有社会主义才能救中国，只有中国特色社会主义才能发展中国，只有坚持和发展中国特色社会主义才能实现中华民族伟大复兴。

（22）中国特色国家安全道路本质上是中国特色社会主义道路在国家安全上的具体体现。当前我国国家安全内涵和外延比历史上任何时候都要丰富，时空领域比历史上任何时候都要宽广，内外因素比历史上任何时候都要复杂，必须坚持总体国家安全观，以人民安全为宗旨，以政治安全为根本，以经济安全为基础，以军事、科技、文化、社会安全为保障，以促进国际安全为依托，走出一条中国特色国家安全道路。

坚持中国特色国家安全道路，归根结底是为了确保中华民族伟大复兴进程不被迟滞甚至中断。行百里者半九十。距离实现中华民族伟大复兴的目标越近，我们越不能懈怠。我们现在所处的，是一个船到中流浪更急、人到半山路更陡的时候，是一个愈进愈难、愈进愈险而又不进则退、非进不可的时候，摆在全党全国各族人民面前的任务更艰巨、挑战更严峻。必须完善国家安全制度体系，加强国家安全能力建设，防范系统性风险，避免颠覆性危机，为中华民族伟大复兴中国梦提供坚实安全保障。

2. 中国特色国家安全道路的重要特征

（23）中国特色国家安全道路具有许多重要特征，

概而言之，就是坚持党的绝对领导，完善集中统一、高效权威的国家安全工作领导体制，实现人民安全、政治安全、国家利益至上相统一；坚持捍卫国家主权和领土完整，维护边疆、边境、周边安定有序；坚持安全发展，推动高质量发展和高水平安全动态平衡；坚持总体战，统筹传统安全和非传统安全；坚持走和平发展道路，促进自身安全和共同安全相协调。

（24）坚持党的绝对领导，完善集中统一、高效权威的国家安全工作领导体制，实现人民安全、政治安全、国家利益至上相统一。人民安全是国家安全的宗旨，政治安全是国家安全的根本，国家利益至上是国家安全的准则。只有坚持人民安全、政治安全和国家利益至上的有机统一，才能实现人民安居乐业、党的长期执政、国家长治久安。

国家利益至上是实现人民安全和政治安全的要求和原则。每个国家都有发展权利，同时都应该在更加广阔的层面考虑自身利益，不能以损害其他国家利益为代价，各国应该尊重彼此核心利益和重大关切。要把国家利益作为制定国家安全战略的出发点，更坚决更有效地维护好捍卫好国家利益尤其是核心利益。中国不觊觎他国权益，不嫉妒他国发展，但决不放弃我们的正当权益，决不牺牲国家核心利益。中国人民不信邪也不怕邪，不惹事也不怕事，任何外国不要指望我们会拿自己的核心利益做交易，不要指望我们会吞下损害我国主权、安全、发展利益的苦果。

（25）坚持捍卫国家主权和领土完整，维护边疆、边境、周边安定有序。主权是国家独立的根本标志，也是国家利益的根本体现和可靠保证。必须坚持独立自主，坚持把国家主权和安全放在第一位。国家不分大小、强弱、贫富，都是国际社会平等成员，要尊重各国自主选择的社会制度和发展道路，反对出于一己之利或一己之见，采用非法手段颠覆别国合法政权。要坚持中国的事情必须由中国人民自己作主张、自己来处理。不论过去、现在和将来，我们都要把国家和民族发展放在自己力量的基点上，集中精力办好自己的事情，全面做强自己，不断壮大我们的综合国力。要坚持从中国实际出发，坚持以我为主、为我所用，虚心学习借鉴人类社会创造的一切文明成果，但不能数典忘祖，不能照抄照搬别国的发展模式，也绝不会接受任何外国颐指气使的说教，要在独立自主的立场上把他人的好东西加以消化吸收。要坚持独立自主的和平外交政策，根据事情本身的是非曲直决定自己的立场和政策，秉持公道，伸张正义，绝不把自己的意志强加于人，也绝不允许任何人把他们的意志强加于中国人民。

维护国家主权和领土完整，实现祖国完全统一，是全体中华儿女共同愿望，是中华民族根本利益所在。中国人民有坚定的意志、充分的信心、足够的能力挫败一切分裂国家的活动。要周密组织边境管控和海上维权行动，坚决维护领土主权和海洋权益，筑牢边海防铜墙铁壁。要加快边疆发展，推进兴边富民、稳边固边，确保边疆巩固、边境安全。要继续妥善处理同有关国家的分歧和摩擦，在坚定捍卫国家主权、安全、领土完整的基础上，努力维护同周边国家关系和地区和平稳定大局。

（26）坚持安全发展，推动高质量发展和高水平安全动态平衡。安全是发展的前提，发展是安全的保障。当前和今后一个时期是我国各类矛盾和风险易发期，各种可以预见和难以预见的风险因素明显增多。要坚持发展和安全并重，实现高质量发展和高水平安全的良性互动，既通过发展提升国家安全实力，又深入推进国家安全思路、体制、手段创新，营造有利于经济社会发展的安全环境，在发展中更多考虑安全因素，努力实现发展和安全的动态平衡。

要牢牢守住安全发展这条底线，自觉把促进安全发展放在维护最广大人民根本利益中来认识，在谋划和推进发展的时候，善于预见和预判各种风险挑战，做好应对各种“黑天鹅”、“灰犀牛”事件的预案，不断增强发展的安全性。要坚持问题导向，从人民群众反映最强烈的问题入手，高度重视并切实解决安全发展面临的一些突出矛盾和问题，着力抓重点、抓关键、抓薄弱环节，不断提高安全发展水平。

（27）坚持总体战，统筹传统安全和非传统安全。维护国家安全不只是国家安全机关的职责，而是全方位的工作，是总体战，各领域工作都要为维护和塑造国家安全提供支持，形成全面动员、全面部署、全面加强国家安全工作的局面。必须坚持科学统筹，加强战略性、系统性、前瞻性研究谋划，统筹推进各项安全工作，始终把国家安全置于中国特色社会主义事业全局中来把握，充分调动各方面积极性，形成维护国家安全合力。

当前，安全问题的联动性更加突出。安全问题同政治、经济、文化、民族、宗教等问题紧密相关，非传统安全威胁和传统安全威胁相互交织。一个看似单纯的安全问题，往往并不能简单对待，否则就可能陷入头痛医头、脚痛医脚的困境。新冠肺炎疫情的发生再次表明，在经济全球化时代，这样的重大突发事件不会是最后一次，各种传统安全和非传统安全问题还会不断带来新的考验。要统筹传统安全和非传统安全，坚持统筹推进各领域安全，构建集政治安全、军事安全、国土安全、经济安全、金融安全、文化安全、社会安全、科技安全、网络安全、粮食安全、生态安全、资源安全、核安全、海外利益安全、太空安全、深海安全、极地安全、生物安全、人工智能安全等于一体的国家安全体系。

(28) 坚持走和平发展道路，促进自身安全和共同安全相协调。没有和平，中国和世界都不可能顺利发展；没有发展，中国和世界也不可能有持久和平。和平发展道路来之不易，是新中国成立以来特别是改革开放以来，我们党经过艰辛探索和不断实践逐步形成的。在长期实践中，我们提出和坚持了和平共处五项原则，确立和奉行了独立自主的和平外交政策，向世界作出了永远不称霸、永远不搞扩张的庄严承诺，强调中国始终是维护世界和平的坚定力量。这些我们必须始终不渝坚持下去，永远不能动摇。

统筹自身安全和共同安全。在经济全球化时代，各国安全相互关联、彼此影响，各国人民命运与共、唇齿相依。没有一个国家能实现脱离世界安全的自身安全，也没有建立在其他国家不安全基础上的安全。面对错综复杂的国际安全威胁，单打独斗不行，迷信武力更不行，合作安全、集体安全、共同安全才是解决问题的正确选择。要高举和平、发展、合作、共赢的旗帜，加强国际安全合作，共同构建普遍安全的人类命运共同体，实现普遍安全和共同安全。

3. 坚持中国特色国家安全道路必须进行伟大斗争

(29) 敢于斗争、敢于胜利，是中国共产党不可战胜的强大精神力量。马克思主义产生和发展、社会主义国家诞生和发展的历程充满着斗争的艰辛。我们党依靠斗争创造历史，更要依靠斗争赢得未来。新的征程上，我们面临的风险考验只会越来越复杂，甚至会遇到难以想象的惊涛骇浪。我们面临的各种斗争不是短期的而是长期的，将伴随实现第二个百年奋斗目标全过程。在重大风险、强大对手面前，总想过太平日子、不想斗争是不切实际的，得“软骨病”、患“恐惧症”是无济于事的。“善战者，立于不败之地，而不失敌之败也。”唯有主动迎战、坚决斗争才有生路出路，才能赢得尊严、求得发展，逃避退缩、妥协退让只会招致失败和屈辱，只能是死路一条。

斗争是有方向、有立场、有原则的，大方向就是坚持中国共产党领导和我国社会主义制度不动摇。凡是危害中国共产党领导和我国社会主义制度的各种风险挑战，凡是危害我国主权、安全、发展利益的各种风险挑战，凡是危害我国核心利益和重大原则的各种风险挑战，凡是危害我国人民根本利益的各种风险挑战，凡是危害我国实现“两个一百年”奋斗目标、实现中华民族伟大复兴的各种风险挑战，只要来了，我们就必须进行坚决斗争，而且必须取得斗争胜利。我们的头脑要特别清醒、立场要特别坚定，牢牢把握正确斗争方向，做到在各种重大斗争考验面前“不畏浮云遮望眼”，“乱云飞渡仍从容”。

斗争是一门艺术，要注重策略方法。要坚持增强忧患意识和保持战略定力相统一、坚持战略判断和战术决断相统一、坚持斗争过程和斗争实效相统一。要抓主要矛盾、抓矛盾的主要方面，坚持有理有利有节，合理选择斗争方式、把握斗争火候，在原则问题上寸步不让，在策略问题上灵活机动。要根据形势需要，把握时、度、效，及时调整斗争策略。要团结一切可以团结的力量，调动一切积极因素，在斗争中争取团结，在斗争中谋求合作，在斗争中争取共赢。

加强斗争历练，增强斗争本领，永葆斗争精神。要学懂弄通做实党的创新理论，掌握马克思主义立场观点方法，夯实敢于斗争、善于斗争的思想根基，理论上清醒，政治上才能坚定，斗争起来才有底气、才有力量。要坚持在重大斗争中磨砺，越是困难大、矛盾多的地方，越是形势严峻、情况复杂的时候，越能练胆魄、磨意志、长才干。要以“踏平坎坷成大道，斗罢艰险又出发”的顽强意志，应对好每一场重大风险挑战，切实把改革发展稳定各项工作做实做好。

四、坚持以人民安全为宗旨

——关于新时代国家安全的根本立场

1. 国家安全一切为了人民

（30）国家安全工作归根结底是保障人民利益。人民立场是中国共产党的根本政治立场，是马克思主义政党区别于其他政党的显著标志。习近平总书记强调："江山就是人民、人民就是江山，打江山、守江山，守的是人民的心。"我们党团结带领人民进行革命、建设、改革，根本目的就是为了让人民过上好日子，无论面临多大挑战和压力，无论付出多大牺牲和代价，这一点都始终不渝、毫不动摇。要牢固树立和认真贯彻总体国家安全观，以人民安全为宗旨，坚持国家安全一切为了人民、一切依靠人民，为群众安居乐业提供坚强保障。

（31）始终把人民群众生命安全和身体健康放在第一位。生命至上，集中体现了中国人民深厚的仁爱传统和中国共产党人以人民为中心的价值追求。人民健康是社会文明进步的基础，是民族昌盛和国家富强的重要标志。拥有健康的人民意味着拥有更强大的综合国力和可持续发展能力。如果人民健康水平低下，如果群众患病得不到及时救助，如果疾病控制不力、传染病流行，不仅人民生活水平和质量会受到重大影响，而且社会会付出沉重代价。在保护人民生命安全和身体健康面前，我们必须不惜一切代价，我们也能够做到不惜一切代价。

2. 坚决打赢新冠肺炎疫情防控的人民战争、总体战、阻击战

（32）新冠肺炎疫情防控是一场保卫人民群众生命安全和身体健康的严峻斗争。我国是一个有着十四亿多人口的大国，防范化解重大疫情和重大突发公共卫生风险，始终是我们须臾不可放松的大事。新冠肺炎疫情是百年来全球发生的最严重的传染病大流行，是新中国成立以来我国遭遇的传播速度最快、感染范围最广、防控难度最大的重大突发公共卫生事件。做好疫情防控工作，直接关系人民生命安全和身体健康，直接关系经济社会大局稳定，也事关我国对外开放。面对突如其来的严重疫情，党中央坚持人民至上、生命至上，统揽全局、果断决策，第一时间实施集中统一领导。各级党组织和广大党员干部全面贯彻坚定信心、同舟共济、科学防治、精准施策的总要求，迅速打响疫情防控的人民战争、总体战、阻击战，夺取了全国抗疫斗争重大战略成果。中国的抗疫斗争，充分展现了中国精神、中国力量、中国担当。

生命重于泰山。疫情就是命令，防控就是责任。人民至上是作出正确抉择的根本前提。应对历史罕见的大危机，立场决定方向，也决定行动优先序。党中央采取的所有防控措施都首先考虑尽最大努力防止更多群众被感染，尽最大可能挽救更多患者生命。全党全军全国各族人民采取最全面、最严格、最彻底的防控举措，提高收治率和治愈率、降低感染率和病亡率，前所未有调集全国资源开展大规模救治，不遗漏一个感染者，不放弃每一位病患，从出生仅三十多个小时的婴儿到一百多岁的老人，每一个生命都得到全力护佑，人的生命、人的价值、人的尊严得到悉心呵护，最大限度保护了人民生命安全和身体健康。

扎扎实实做好疫情防控期间保障和改善民生各项工作。民生稳，人心就稳，社会就稳。党中央准确把握疫情形势变化，立足全局、着眼大局，及时作出统筹疫情防控和经济社会发展的重大决策，坚持依法防控、科学防控，最大限度保障人民生产生活。始终把人民安危冷暖放在心上，帮助群众解决实际困难，保持疫情期间基本民生服务不断档，强化对困难群众的兜底保障，统筹做好其他疾病患者医疗救治工作。扎实做好稳就业、稳金融、稳外贸、稳外资、稳投资、稳预期“六稳”工作，全面落实保居民就业、保基本民生、保市场主体、保粮食能源安全、保产业链供应链稳定、保基层运转“六保”任务。

（33）要毫不放松抓好常态化疫情防控。坚决克服麻痹思想、厌战情绪、侥幸心理、松懈心态，从严从紧落实各项防控措施，守住来之不易的防控成果，奋力夺取抗疫斗争全面胜利。统筹推进疫情防控和经济社会发展工作，加快建立同疫情防控相适应的经济社会运行秩序。充分发挥科技对疫情防控的支撑作用，加大药品和疫苗科研攻关力度，掌握更多具有自主知识产权的核心科技，拿出更多硬核产品，为维护人民生命安全和身体健康、维护国家战略安全作出更大贡献。打赢疫情防控这场人民战争，必须紧紧依靠人民群众，要做好深入细致的群众工作，把群众发动起来，夯实联防联控、群防群控的基层基础，构筑起群防群控的人民防线。

要加快补齐治理体系的短板弱项，为保障人民生命安全和身体健康夯实制度保障。在这次应对新冠肺炎疫情中，暴露出我国在重大疫情防控体制机制、公共卫生应急管理体系等方面存在的明显短板，要总结经验、吸取教训，抓紧补短板、堵漏洞、强弱项，提高应对突发重大公共卫生事件的能力和水平。要完善城市治理体系和城乡基层治理体系，树立全周期的城市健康管理理念，增强社会治理总体效能。要重视生物安全风险，提升国家生物安全防御能力。

3. 着力解决人民群众反映强烈的安全问题

（34）中国特色社会主义进入新时代，人民美好生活需要日益广泛，不仅对物质文化生活提出了更高要求，而且在民主、法治、公平、正义、安全、环境等方面的要求日益增长。要从最突出的问题着眼，着力抓好安全生产、食品药品安全、防范重特大自然灾害、维护社会稳定工作，确保人民安居乐业、社会安定有序、国家长治久安。

以对人民极端负责的精神抓好安全生产工作。安全生产是民生大事，一丝一毫不能放松。要牢固树立安全发展理念，坚持人民利益至上，始终把安全生产放在首要位置，自觉维护人民群众生命财产安全。必须牢固树立这样一个观念，就是不能要带血的生产总值。坚持发展决不能以牺牲安全为代价这条红线。经济社会发展的每一个项目、每一个环节都要以安全为前提，不能有丝毫疏漏。要深入开展安全隐患排查整治，从源头治起、从细处抓起、从短板补起，筑牢防线，守住底线，不放过任何一个漏洞，不丢掉任何一个盲点，不留下任何一个隐患。要把重大风险隐患当成事故来对待，把遏制重特大事故作为安全生产整体工作的“牛鼻子”来抓，切实提高安全发展水平。要加强安全生产监管，分区分类加强安全监管执法，牢牢守住安全生产底线。要针对安全生产事故主要特点和突出问题，层层压实责任，狠抓整改落实，强化风险防控。坚持党政同责、一岗双责、齐抓共管、失职追责，严格落实安全生产责任制，细化落实各级党委和政府的领导责任、相关部门的监管责任、企业的主体责任。

提高食品药品安全保障水平。食品药品安全关系每个人身体健康和生命安全，社会关注度高，舆论燃点低，一旦出问题，很容易引起公众恐慌，甚至酿成群体性事件。要用最严谨的标准、最严格的监管、最严厉的处罚、最严肃的问责，确保人民群众“舌尖上的安全”。要加快相关安全标准制定，加快建立科学完善的食品药品安全治理体系，努力实现食品药品质量安全稳定可控、保障水平明显提升。要坚持产管并重，加快建立健全覆盖生产加工到流通消费的全程监管制度，加快检验检测技术装备和信息化建设，严把从农田到餐桌、从实验室到医院的每一道防线，着力防范系统性、区域性风险。要切实提高农产品质量安全水平，以更大力度抓好农产品质量安全，完善农产品质量安全监管体系，把确保质量安全作为农业转方式、调结构的关键环节，让人民群众吃得安全放心。对食品、药品等领域的重大安全问题，不能每次一出事就处理几个人、罚点款了事，要拿出治本措施，对违法者用重典，使从业者不敢、不愿、不想违法，用法治维护好人民群众生命安全和身体健康。

全面提高国家综合防灾减灾救灾能力，为保护人民群众生命财产安全和国家安全提供有力保障。我国是世界上自然灾害最为严重的国家之一，灾害种类多，分布地域广，发生频率高，造成损失重，这是一个基本国情。防灾减灾救灾事关人民生命财产安全，事关社会和谐稳定，是衡量执政党领导力、检验政府执行力、评判国家动员力、体现民族凝聚力的一个重要方面。要更加自觉地处理好人和自然的关系，正确处理防灾减灾救灾和经济社会发展的关系。要着力从加强组织领导、健全体制、完善法律法规、推进重大防灾减灾工程建设、加强灾害监测预警和风险防范能力建设、提高城市建筑和基础设施抗灾能力、提高农村住房设防水平和抗灾能力等方面进行努力。要坚持以防为主、防抗救相结合，坚持常态减灾和非常态救灾相统一，努力实现从注重灾后救助向注重灾前预防转变，从应对单一灾种向综合减灾转变，从减少灾害损失向减轻灾害风险转变，全面提升全社会抵御自然灾害的综合防范能力。

4. 始终把人民作为国家安全的基础性力量

（35）做好国家安全工作，必须紧紧依靠人民。人民是我们党执政的最大底气。任何一项伟大事业要成功，都必须从人民中找到根基，从人民中集聚力量，由人民共同来完成。违背人民意愿，脱离人民支持，任何事业都会成为无源之水、无本之木，都是不能成功的。

群众路线是我们党的生命线和根本工作路线，是我们党永葆青春活力和战斗力的重要传家宝。不论过去、现在和将来，我们都要坚持一切为了群众，一切依靠群众，从群众中来，到群众中去，把党的正确主张变为群众的自觉行动，把群众路线贯彻到治国理政全部活动之中。群众参与对维护国家安全、应对和预防安全风险非常关键。要坚持群众观点和群众路线，拓展人民群众参与国家安全治理的有效途径。要动员全党全社会共同努力，汇聚起维护国家安全的强大力量，夯实国家安全的社会基础。

五、坚持统筹发展和安全

——关于新时代国家安全的必然要求

1. 推进发展和安全深度融合

（36）发展和安全是一体之两翼、驱动之双轮。统筹发展和安全，增强忧患意识，做到居安思危，是我们党治国理政的一个重大原则。要把国家安全贯穿到党和国家工作各方面全过程，同经济社会发展一起谋划、一起部署，做到协调一致、齐头并进。要让发展和安全两个目标有机融合，实现高质量发展和高水平安全的良性互动，努力建久安之势、成长治之业。

当代中国正在经历人类历史上最为宏大而独特的实践创新，改革发展稳定任务之重、矛盾风险挑战之多、治国理政考验之大都前所未有，世界百年未有之大变局深刻变化前所未有。我们比历史上任何时期都更接近、更有信心和能力实现中华民族伟大复兴的目标，同时必须准备付出更为艰巨、更为艰苦的努力。要勇于开顶风船，善于转危为机，努力实现更高质量、更有效率、更加公平、更可持续、更为安全的发展。历史和现实都告诉我们，只要不断解放和发展社会生产力，不断增强经济实力、科技实力、综合国力，不断让广大人民的获得感、幸福感、安全感日益充实起来，不断让坚持和发展中国特色社会主义、实现中华民族伟大复兴的物质基础日益坚实起来，我们就一定能够使中国特色社会主义航船乘风破浪、行稳致远。

2. 坚定维护改革发展稳定大局

（37）习近平总书记指出："改革发展稳定是我国社会主义现代化建设的三个重要支点。改革是经济社会发展的强大动力，发展是解决一切经济社会问题的关键，稳定是改革发展的前提。"只有社会稳定，改革发展才能不断推进；只有改革发展不断推进，社会稳定才能具有坚实基础。离开社会稳定，不仅改革发展不可能顺利推进，而且已经取得的成果也会丧失。从世界范围看，许多国家由于政局动荡、社会动乱，不仅失去发展机遇，也给这些国家的人民带来深重灾难。贯彻落实总体国家安全观，必须全面把握艰巨繁重的改革发展稳定任务。改革开放以来，我们党始终高度重视正确处理改革发展稳定关系，保持了我国社会大局稳定，为改革开放和社会主义现代化建设营造了良好环境。

当前，我国面临的国际形势日趋错综复杂，我们要清醒认识国际国内各种不利因素的长期性、复杂性。发展仍然是我们党执政兴国的第一要务，仍然是带有基础性、根本性的工作，但经济发展、物质生活改善并不是全部，人心向背也不仅仅决定于这一点。必须坚持辩证唯物主义和历史唯物主义世界观和方法论，正确处理改革发展稳定关系，坚持把改革的力度、发展的速度和社会可承受的程度统一起来，坚持方向不变、道路不偏、力度不减，把改善人民生活作为正确处理改革发展稳定关系的结合点，在保持社会稳定中推进改革发展，通过改革发展促进社会稳定。要增强改革措施、发展措施、稳定措施的协调性，把握好当前利益和长远利益、局部利益和全局利益、个人利益和集体利益的关系。

面对复杂多变的安全和发展环境，要坚持稳中求进工作总基调。稳中求进的根本点在于稳定大局、不断进取，“稳”和“进”要相互促进，坚持在发展中平稳化解风险，在化解风险中优化发展。要把推进改革同防范化解重大风险结合起来，深入研判改革形势和任务，科学谋划推动落实改革的时机、方式、节奏，更加积极有效应对不稳定不确定因素，增强斗争本领，拓展政策空间，提升制度张力，推动改革行稳致远。既要认识到解决经济社会发展中一些长期存在的难题需要久久为功，又不能畏首畏尾，把问题留给后人，要抓铁有痕、踏石留印，发扬钉钉子精神，一步一个脚印向前迈进。

3. 从问题导向和忧患意识把握新发展理念

（38）发展理念是否对头，从根本上决定着发展成效乃至成败。党的十八大以来，我们对经济社会发展提出了许多重大理论和理念，其中新发展理念是最重要、最主要的。创新、协调、绿色、开放、共享的新发展理念，是在深刻总结国内外发展经验教训的基础上形成的，也是针对我国发展中的突出矛盾和问题提出来的。要坚持问题导向，深入分析问题背后的原因，在贯彻落实新发展理念中及时化解矛盾风险，不断提高国家安全能力。要认识到推动创新发展、协调发展、绿色发展、开放发展、共享发展，前提都是国家安全、社会稳定。必须以安全保发展、以发展促安全，把国家发展建立在更加安全、更为可靠的基础之上。

创新发展注重的是解决发展动力问题。经过多年努力，我国科技整体水平大幅提升，但创新能力还不适应高质量发展要求，科技自立自强成为决定我国生存和发展的基础能力，存在诸多“卡脖子”问题，这是我国这个经济大个头的“阿喀琉斯之踵”。新一轮科技革命带来的是更加激烈的科技竞争，如果科技创新搞不上去，发展动力就不可能实现转换，我们在全球经济竞争中就会处于下风。必须坚持创新在我国现代化建设全局中的核心地位，以全球视野谋划和推动创新，深入实施创新驱动发展战略，加快建设世界科技强国，推动科技和经济社会发展深度融合，通过创新培育发展新动力、塑造更多发挥先发优势的引领型发展。

协调发展注重的是解决发展不平衡问题。我国发展不协调是一个长期存在的问题，突出表现在区域、城乡、经济和社会、物质文明和精神文明、经济建设和国防建设等关系上。要注意调整关系，注重发展的整体效能，否则“木桶效应”就会愈加显现，一系列社会矛盾会不断加深。必须牢牢把握中国特色社会主义事业总体布局，通过补齐短板挖掘发展潜力、增强发展后劲，不断增强发展整体性。

绿色发展注重的是解决人与自然和谐问题。良好生态环境是人和社会持续发展的根本基础，随着经济社会发展和人民生活水平不断提高，环境问题往往最容易引起群众不满。必须坚定走生产发展、生活富裕、生态良好的文明发展道路，加快推动产业结构、能源结构、交通运输结构、用地结构调整，实现经济社会发展与人口、资源、环境相协调，确保中华民族永续发展，为全球生态安全作出我们应有的贡献。当前，加快推动经济社会发展全面绿色转型已经形成高度共识，而我国能源体系高度依赖煤炭等化石能源，生产和生活体系向绿色低碳转型的压力都很大，实现二〇三〇年前二氧化碳排放达到峰值、二〇六〇年前碳中和的目标任务极其艰巨。实现碳达峰、碳中和是推动高质量发展的内在要求，要坚定不移推进，但不可能毕其功于一役。要坚持全国统筹、节约优先、双轮驱动、内外畅通、防范风险的原则。传统能源逐步退出要建立在新能源安全可靠的替代基础上。

开放发展注重的是解决发展内外联动问题。国际经济合作和竞争局面正在发生深刻变化，全球经济治理体系和规则正在面临重大调整，应对外部经济风险、维护国家经济安全的压力也是过去所不能比拟的。我国对外开放水平总体上还不够高，用好国际国内两个市场、两种资源的能力还不够强。必须坚持对外开放的基本国策，建设多元平衡、安全高效的全面开放体系，发展更高层次的开放型经济，以扩大开放带动创新、推动改革、促进发展。越开放越要重视安全，越要统筹好发展和安全，着力增强自身竞争能力、开放监管能力、风险防控能力。

共享发展注重的是解决社会公平正义问题。当前，全球收入不平等问题突出，一些国家贫富分化，中产阶层塌陷，导致社会撕裂、政治极化、民粹主义泛滥，教训十分深刻。从国内看，在共享改革发展成果上，无论是实际情况还是制度设计，都还有不完善的地方，实现人的全面发展和全体人民共同富裕仍然任重道远。共享是中国特色社会主义的本质要求，实现共同富裕不仅是经济问题，而且是关系党的执政基础的重大政治问题。必须从全心全意为人民服务的根本宗旨把握新发展理念，坚决防止两极分化，决不能在富的人和穷的人之间出现一道不可逾越的鸿沟。实现共同富裕目标，首先要通过全国人民共同奋斗把“蛋糕”做大做好，然后通过合理的制度安排把“蛋糕”切好分好。这是一个长期的历史过程，要稳步朝着这个目标迈进。要在推动高质量发展中强化就业优先导向，提高经济增长的就业带动力。要发挥分配的功能和作用，坚持按劳分配为主体，完善按要素分配政策，加大税收、社保、转移支付等的调节力度，优化收入分配结构，扩大中等收入群体。支持有意愿有能力的企业和社会群体积极参与公益慈善事业。要坚持尽力而为、量力而行，完善公共服务政策制度体系，在教育、医疗、养老、住房等人民群众最关心的领域精准提供基本公共服务。

4. 构建新发展格局要牢牢守住安全发展底线

（39）加快构建以国内大循环为主体、国内国际双循环相互促进的新发展格局，是一项关系我国发展全局的重大战略任务。习近平总书记指出："要牢牢守住安全发展这条底线。这是构建新发展格局的重要前提和保障，也是畅通国内大循环的题中应有之义。"近年来，经济全球化遭遇逆流，国际经济循环格局发生深度调整。新冠肺炎疫情也加剧了逆全球化趋势，各国内顾倾向上升。市场和资源两头在外的国际大循环动能明显减弱，大进大出的环境条件已经变化。在当前全球市场萎缩的外部环境下，必须集中力量办好自己的事，加快构建新发展格局，在各种可以预见和难以预见的狂风暴雨、惊涛骇浪中，增强我们的生存力、竞争力、发展力、持续力，确保中华民族伟大复兴进程不被迟滞甚至中断。构建新发展格局不是被迫之举和权宜之计，而是把握未来发展主动权的战略性布局和先手棋，是一场需要保持顽强斗志和战略定力的攻坚战、持久战。

构建新发展格局的关键在于经济循环的畅通无

阻。如果经济循环过程中出现堵点、断点，循环就会受阻，在宏观上就会表现为增长速度下降、失业增加、风险积累、国际收支失衡等情况，在微观上就会表现为产能过剩、企业效益下降、居民收入下降等问题。在我国发展现阶段，畅通经济循环最主要的任务是供给侧有效畅通，有效供给能力强可以穿透循环堵点、消除瓶颈制约。必须坚持深化供给侧结构性改革这条主线，实现经济在高水平上的动态平衡。

构建新发展格局最本质的特征是实现高水平的自立自强。要把自主创新放在能不能生存和发展的高度加以认识，全面加强对科技创新的部署，加强创新链和产业链对接，创造有利于新技术快速大规模应用和迭代升级的独特优势，加速科技成果向现实生产力转化，提升产业链水平，维护产业链安全，打通从科技强到产业强、经济强、国家强的通道，以改革释放创新活力，加快建立健全国家创新体系。

形成强大国内市场是构建新发展格局的重要支撑，也是大国经济优势所在。加快培育完整内需体系，有利于化解外部冲击和外需下降带来的影响，也有利于在极端情况下保证我国经济基本正常运行和社会大局总体稳定。要把实施扩大内需战略同深化供给侧结构性改革有机结合起来，着力提升供给体系对国内需求的适配性，使生产、分配、流通、消费各环节更多依托国内市场实现良性循环。

我们只有立足自身，把国内大循环畅通起来，把安全发展贯穿国家发展各领域和全过程，努力炼就百毒不侵、金刚不坏之身，才能任由国际风云变幻，始终充满朝气生存和发展下去，没有任何人能打倒我们、卡死我们。改革开放以来，我们遭遇过很多外部风险冲击，最终都能化险为夷，靠的就是办好自己的事、把发展立足点放在国内。

（40）要科学认识国内大循环和国内国际双循环的关系。构建新发展格局是开放的国内国际双循环，不是封闭的国内单循环。我国经济已经深度融入世界经济，同全球很多国家的产业关联和相互依赖程度都比较高，内外需市场本身是相互依存、相互促进的。构建新发展格局，实行高水平对外开放，必须具备强大的国内经济循环体系和稳固的基本盘，并以此形成对全球要素资源的强大吸引力、在激烈国际竞争中的强大竞争力、在全球资源配置中的强大推动力。要重视以国际循环提升国内大循环效率和水平，改善我国生产要素质量和配置水平。要通过参与国际市场竞争，增强我国出口产品和服务竞争力，推动我国产业转型升级。

现在国际上保护主义思潮上升，但我们要站在历史正确的一边，以开放、合作、共赢胸怀谋划发展，坚定不移推动经济全球化朝着开放、包容、普惠、平衡、共赢的方向发展，推动建设开放型世界经济。同时，要牢固树立安全发展理念，加快完善安全发展体制机制，补齐相关短板，维护产业链、供应链安全，积极做好防范化解重大风险工作。

六、坚持把政治安全放在首要位置

——关于新时代国家安全的生命线

1. 政治安全是国家安全的根本

（41）政治安全的核心是政权安全和制度安全，最根本的就是维护中国共产党的领导和执政地位、维护中国特色社会主义制度。如果政治安全得不到保障，国家必然会陷入四分五裂、一盘散沙的局面，中华民族伟大复兴就无从谈起。

新形势下，我国面临复杂多变的发展和安全环境，各种可以预见和难以预见的风险因素明显增多，如果得不到及时有效控制也有可能演变为政治风险，最终危及党的执政地位、危及国家安全。全党同志特别是各级领导干部必须增强风险意识，提高防范政治风险能力。要增强政治敏锐性和政治鉴别力，以国家政治安全为大，对容易诱发政治问题特别是重大突发事件的敏感因素、苗头性倾向性问题，做到眼睛亮、见事早、行动快，及时消除各种政治隐患，防止非公共性风险扩大为公共性风险、非政治性风险蔓延为政治风险，坚决防止和克服嗅不出敌情、分不清是非、辨不明方向的政治麻痹症。

2. 维护国家政权安全、制度安全

（42）习近平总书记指出，“要把维护国家政治安全特别是政权安全、制度安全放在第一位”。我们治国理政的本根，就是中国共产党领导和社会主义制度。任何人以任何借口否定中国共产党领导和我国社会主义制度，都是错误的、有害的，都是违反宪法的，都是绝对不能接受的。

必须毫不动摇坚持和巩固党的领导地位和执政地位。我们是中国共产党执政，各民主党派参政，没有反对党，不是三权鼎立、多党轮流坐庄。我国宪法确认了中国共产党的执政地位，确认了党在国家政权结构中总揽全局、协调各方的核心地位。党是领导一切的。中央委员会，中央政治局，中央政治局常委会，这是党的领导决策核心。党的领导是做好党和国家各项工作的根本保证，人大、政府、政协、监察机关、审判机关、检察机关、武装力量，各民主党派和无党派人士，各企事业单位，工会、共青团、妇联等群团

组织，既各负其责，又相互配合，一个都不能少。在坚持党的领导这个重大原则问题上，绝不能有任何含糊和动摇，要始终把握正确政治方向，坚持政治立场和政治原则。

必须毫不动摇坚持和完善中国特色社会主义制度。制度优势是一个国家的最大优势，制度竞争是国家间最根本的竞争。制度稳则国家稳。中国特色社会主义制度是一个严密完整的科学制度体系，起四梁八柱作用的是根本制度、基本制度、重要制度，其中具有统领地位的是党的领导制度。中国特色社会主义制度好不好、优越不优越，中国人民最清楚，也最有发言权。过去不能搞全盘苏化，现在也不能搞全盘西化或者其他什么化。我们既不走封闭僵化的老路，也不走改旗易帜的邪路，保持政治定力，坚定制度自信，不断革除体制机制弊端，推动各方面制度更加成熟更加定型，推进国家治理体系和治理能力现代化。

在政治制度模式上，要咬定青山不放松、任尔东西南北风。坚定不移走中国特色社会主义政治发展道路，坚持党的领导、人民当家作主、依法治国有机统一，坚持和完善人民代表大会制度、中国共产党领导的多党合作和政治协商制度、民族区域自治制度以及基层群众自治制度。照抄照搬他国的政治制度行不通，会水土不服，会画虎不成反类犬，甚至会把国家前途命运葬送掉。只有扎根本国土壤、汲取充沛养分的制度，才最可靠、也最管用。

(43) 各种敌对势力一直企图在我国制造“颜色革命”，妄图颠覆中国共产党领导和我国社会主义制度。这是我国政权安全面临的现实危险。西方国家策划“颜色革命”，往往从所针对的国家的政治制度特别是政党制度开始发难，大造舆论，大肆渲染，把不同于他们的政治制度和政党制度打入另类，煽动民众搞街头政治。结果很多国家陷入政治动荡、社会动乱，人民流离失所。境内外敌对势力对我国实施西化、分化战略一刻也没有放松。我们头脑一定要清醒、一定要坚定，面对大是大非敢于亮剑，面对矛盾敢于迎难而上。

3. 坚决打赢意识形态斗争

(44) 意识形态关乎旗帜、关乎道路、关乎国家政治安全。历史和现实反复证明，搞乱一个社会、颠覆一个政权，往往先从意识形态领域打开缺口，先从搞乱人们思想入手。思想防线被攻破了，其他防线就很难守住。在意识形态领域斗争上，我们没有任何妥协、退让的余地，必须取得全胜。

新形势下，意识形态领域斗争复杂尖锐。在国内，一些错误思潮和观点不时出现，有的人借口现实中存在的问题攻击我们党的领导和我国社会主义制度，有的人极力歪曲、丑化、否定我们的党、我们的国家、我们的军队和我国革命、建设、改革的伟大实践，有的人大肆宣扬西方的价值观。国际上，西方敌对势力一刻也没有停止对我国进行意识形态渗透。他们极力宣扬所谓的“普世价值”，是挂羊头卖狗肉，目的就是要同我们争夺阵地、争夺人心、争夺群众；千方百计利用一些热点难点问题进行炒作，煽动基层群众对党委和政府的不满，挑动党群干群对立情绪，企图把人心搞乱。“谎言重复一千遍就会变成真理。”各种敌对势力就是想利用这个逻辑，把我们党、我们国家说得一塌糊涂、一无是处，诱使人们跟着他们的魔笛起舞。如果我们不主动宣传、正确引导，别人就可能先声夺人，抢占话语权。

意识形态工作是党的一项极端重要的工作。我们必须把意识形态工作的领导权、管理权、话语权牢牢掌握在手中，任何时候都不能旁落，否则就要犯无可挽回的历史性错误。要落实意识形态工作责任制，把做好意识形态工作摆在重要位置，及时掌握意识形态形势和动态，对各种政治性、原则性、导向性问题要敢抓敢管，对各种错误思想必须敢于亮剑，要当战士、不当绅士，不做“骑墙派”和“看风派”，不能搞爱惜羽毛那一套。对那些恶意攻击党的领导、攻击社会主义制度、歪曲党史国史、造谣生事的言论，一切媒体、平台等都不能为之提供空间、提供方便。要防止各种敌对势力借机干扰和破坏，避免一些具体问题演变成政治问题、局部问题演变成全局性事件，避免出现大的意识形态事件和舆论漩涡。

做好党的新闻舆论工作，营造良好舆论环境，是治国理政、定国安邦的大事。要坚持党管媒体的原则和制度不能变，所有从事新闻信息服务、具有媒体属性和舆论动员功能的传播平台都要纳入管理范围，所有新闻信息服务和相关业务从业人员都要实行准入管理。要坚持巩固壮大主流思想舆论，弘扬主旋律，传播正能量，激发全社会团结奋进的强大力量。

(45) 马克思主义是我们立党立国的根本指导思想。在坚持马克思主义指导地位这一根本问题上，我们必须坚定不移，任何时候任何情况下都不能有丝毫动摇。一个政权的瓦解往往是从思想领域开始的，马克思主义政党一旦放弃马克思主义信仰、社会主义和共产主义信念，就会土崩瓦解。共产党人如果没有信仰、没有理想，或信仰、理想不坚定，精神上就会“缺钙”，就会得“软骨病”，就必然导致政治上变质、经济上贪婪、道德上堕落、生活上腐化。社会上也存在一些模糊甚至错误的认识。有的认为马克思主义已经过时，中国现在搞的不是马克思主义；有的说马克思主义只是一种意识形态说教，没有学术上的学理性和系统性。实际工作中，在有的领域中马克思主义被边缘化、空泛化、标签化，在一些学科中“失语”、教材中“失踪”、论坛上“失声”。这种状况必须引起我们高度重视。

要全面贯彻习近平新时代中国特色社会主义思想，坚持把马克思主义基本原理同中国具体实际相结合、同中华优秀传统文化相结合，推进马克思主义中国化时代化大众化，建设具有强大凝聚力和引领力的社会主义意识形态。要教育引导全党从党的非凡历程中领会马克思主义是如何深刻改变中国、改变世界的，感悟马克思主义的真理力量和实践力量，深化对中国化马克思主义既一脉相承又与时俱进的理论品质的认识，坚持不懈用党的创新理论最新成果武装头脑、指导实践、推动工作。要围绕中国共产党为什么“能”、马克思主义为什么“行”、中国特色社会主义为什么“好”等重大问题，广泛开展宣传教育，加强思想舆论引导，画出最大的思想同心圆，使全体人民在理想信念、价值理念、道德观念上紧紧团结在一起，让正能量更强劲、主旋律更高昂。

（46）互联网已经成为意识形态斗争的主阵地、主战场、最前沿。互联网是我们面临的“最大变量”，搞不好会成为我们的“心头之患”。西方反华势力一直妄图利用互联网“扳倒中国”，多年前有西方政要就声称“有了互联网，对付中国就有了办法”，“社会主义国家投入西方怀抱，将从互联网开始”。随着互联网快速发展，包括新媒体从业人员和网络“意见领袖”在内的网络人士大量涌现。在这两个群体中，有些经营网络、是“搭台”的，有些网上发声、是“唱戏”的，往往能左右互联网的议题，能量不可小觑。在互联网这个战场上，我们能否顶得住、打得赢，直接关系我国意识形态安全和政权安全。

对网上舆论热点，要深入研判。事实证明，网上发生的一些重大事件以及由此引发的重大社会事件，从来都不是个别人一时心血来潮搞起来的，而是各路角色粉墨登场、联手行动的结果，是有选择、有预谋、有计划、有组织的。对这些情况，要有高度的政治警惕性和政治鉴别力，线上线下要密切联动，不能云里来、雾里去，决不能任由这些人造谣生事、煽风点火、浑水摸鱼。

管好用好互联网，重点要解决好谁来管、怎么管的问题。要把党管媒体的原则贯彻到新媒体领域，加大舆论引导力度，加快建立网络综合治理体系。要依法加强网络空间治理，教育引导广大网民遵守互联网秩序，依法上网、文明上网，理性表达、有序参与。

要高度重视网上舆论斗争，消除生成网上舆论风暴的各种隐患，加强网络内容建设，做强网上正面宣传，培育积极健康、向上向善的网络文化，用社会主义核心价值观和人类优秀文明成果滋养人心、滋养社会，为广大网民特别是青少年营造一个风清气正的网络空间。各级党委和党员干部要把维护网络意识形态安全作为守土尽责的重要使命，充分发挥制度体制优势，坚持管用防并举，方方面面齐动手，坚决打赢网络意识形态斗争，切实维护以政权安全、制度安全为核心的国家政治安全。

（47）学校是意识形态工作的前沿阵地，可不是一个象牙之塔，也不是一个桃花源。各种敌对势力从来没有停止对中国共产党领导和我国社会主义制度进行颠覆破坏活动，他们下功夫最大的一个领域就是争夺我们的青少年。境外一些势力经常在我国高校开展活动，一些境外宗教组织以高校为重点开展渗透活动，还有宗教极端势力对一些高校少数民族学生渗透。我们培养人的目标是什么要搞清楚，现在非常明确坚定地提出要培养社会主义建设者和接班人。如果培养了半天，培养出来的是吃里扒外、吃哪家饭砸哪家锅的人，甚至是我们这个制度的掘墓人，那就会是失败的教育！各级党委要把高校思想政治工作摆在重要位置，加强领导和指导，形成党委统一领导、各部门各方面齐抓共管的工作格局。高校、院（系）等党组织书记、行政负责人要担负起政治责任和领导责任，认真落实意识形态工作责任制，敢抓敢管、敢于亮剑，做到守土有责、守土负责、守土尽责。如果有人以所谓“学术自由”为名诋毁马克思主义、否定马克思主义指导地位，那就应该旗帜鲜明予以抵制。要加强校报校刊和网络治理，严明教学纪律，牢牢掌握意识形态工作领导权，用马克思主义占领高校意识形态阵地。

做好学校思想政治工作，要因事而化、因时而进、因势而新。要开展马克思主义理论教育，用习近平新时代中国特色社会主义思想铸魂育人，引导学生增强中国特色社会主义道路自信、理论自信、制度自信、文化自信，厚植爱国主义情怀。要遵循思想政治工作规律，遵循教书育人规律，遵循学生成长规律，不断提高工作能力和水平，坚决防范和清除各种错误政治思潮、分裂主义、宗教活动等对学校的侵蚀。要用好课堂教学这个主渠道，推动思想政治理论课改革创新，不断增强思想性、理论性和亲和力、针对性，满足学生成长发展需求和期待。要运用新媒体新技术使工作活起来，推动思想政治工作传统优势同信息技术高度融合，增强时代感和吸引力。

4. 全面贯彻党的民族政策和宗教政策

（48）团结稳定是福，分裂动乱是祸。要准确把握和全面贯彻我们党关于加强和改进民族工作的重要思想，以铸牢中华民族共同体意识为主线，坚定不移走中国特色解决民族问题的正确道路，构筑中华民族共有精神家园，促进各民族交往交流交融，推动民族地区加快现代化建设步伐，提升民族事务治理法治化水平，防范化解民族领域风险隐患，推动新时代党的民族工作高质量发展。

铸牢中华民族共同体意识是新时代党的民族工作的“纲”，所有工作要向此聚焦。要引导各民族始终把中华民族利益放在首位，本民族意识要服从和服务于中华民族共同体意识，构建起维护国家统一和民族团结的坚固思想长城。要高举各民族大团结旗帜，引导各族群众增强对伟大祖国、中华民族、中华文化、中国共产党、中国特色社会主义的认同，像石榴籽那样紧紧抱在一起。要依法治理民族事务，推进民族事务治理体系和治理能力现代化，依法妥善处理涉民族因素的案事件。要坚决防范民族领域重大风险隐患，守住意识形态阵地，坚决遏制和打击境内外敌对势力利用民族问题进行的分裂、渗透、破坏活动，筑牢民族团结、社会稳定、国家统一的铜墙铁壁。

(49) 宗教工作在党和国家工作全局中具有特殊重要性，关系中国特色社会主义事业发展，关系党同人民群众的血肉联系，关系社会和谐、民族团结，关系国家安全和祖国统一。必须建立健全强有力的领导机制，必须坚持和发展中国特色社会主义宗教理论，必须坚持党的宗教工作基本方针，必须坚持我国宗教中国化方向，必须坚持把广大信教群众团结在党和政府周围，必须构建积极健康的宗教关系，必须支持宗教团体加强自身建设，必须提高宗教工作法治化水平。

要完整、准确、全面贯彻党的宗教信仰自由政策，尊重群众宗教信仰，依法管理宗教事务，坚持独立自主自办原则，积极引导宗教与社会主义社会相适应。党的宗教工作的本质是群众工作。信教群众和不信教群众在政治上经济上的根本利益是一致的，都是党执政的群众基础。既要保护信教群众宗教信仰自由权利，最大限度团结信教群众，也要耐心细致做信教群众工作。我国宪法法律保障公民信仰宗教的权利，但必须警惕宗教渗透的危险，警惕带有政治意图的宗教诉求。敌对势力越是想借宗教问题做文章，我们就越是要把信教群众紧紧团结在党的周围，更好组织和引导信教群众同广大人民群众一道为全面建成社会主义现代化强国、实现中华民族伟大复兴的中国梦而团结奋斗。

要深入推进我国宗教中国化，引导和支持我国宗教以社会主义核心价值观为引领，增进宗教界人士和信教群众对伟大祖国、中华民族、中华文化、中国共产党、中国特色社会主义的认同。支持宗教界对宗教思想、教规教义进行符合时代进步要求的阐释，坚决防范西方意识形态渗透，自觉抵御极端主义思潮影响。提高宗教工作法治化水平，依法对宗教工作进行管理，不允许有法外之地、法外之人、法外之教，坚持保护合法、制止非法、遏制极端、抵御渗透、打击犯罪的原则。宗教活动应当在法律法规规定范围内开展，不得损害公民身体健康，不得违背公序良俗，不得干涉教育、司法、行政职能和社会生活。要坚持独立自主自办原则，统筹推进相关工作。要加强互联网宗教事务管理。要切实解决影响我国宗教健康传承的突出问题。

5. 防范化解党的建设面临的风险

（50）坚持自我革命，确保党不变质、不变色、不变味。我们党历史这么长、规模这么大、执政这么久，如何跳出治乱兴衰的历史周期率？毛泽东同志在延安的窑洞里给出了第一个答案，这就是“只有让人民来监督政府，政府才不敢松懈”。经过百年奋斗特别是党的十八大以来新的实践，我们党又给出了第二个答案，这就是自我革命。

勇于自我革命是我们党区别于其他政党的显著标志。中国共产党的伟大不在于不犯错误，而在于从不讳疾忌医，敢于直面问题，勇于自我革命，具有极强的自我修复能力。中国共产党从来不代表任何利益集团、任何权势团体、任何特权阶层的利益。我们党没有任何自己特殊的利益，这是我们党敢于自我革命的勇气之源、底气所在。正因为无私，才能本着彻底的唯物主义精神经常检视自身、常思己过，才能摆脱一切利益集团、权势团体、特权阶层的“围猎”腐蚀，并向党内被这些集团、团体、阶层所裹挟的人开刀。

党的十八大以来，我们以坚定决心、顽强意志、空前力度推进全面从严治党，正本清源、拨正船头，保证全党沿着正确航向前进，推动党和国家事业取得历史性成就、发生历史性变革，对党、对国家、对民族都产生了不可估量的深远影响。同时，也要看到，全面从严治党还远未到大功告成的时候。党面临的长期执政考验、改革开放考验、市场经济考验、外部环境考验具有长期性和复杂性，党面临的精神懈怠危险、能力不足危险、脱离群众危险、消极腐败危险具有尖锐性和严峻性，党内存在的思想不纯、政治不纯、组织不纯、作风不纯等突出问题尚未得到根本解决。如果管党不力、治党不严，人民群众反映强烈的党内突出问题得不到解决，那我们党迟早会失去执政资格，不可避免被历史淘汰。

全党同志要永葆自我革命精神，增强全面从严治党永远在路上的政治自觉，决不能滋生已经严到位、严到底的情绪。要坚持党的政治建设，始终保持党的团结统一，增强党自我净化、自我完善、自我革新、自我提高能力，把党的伟大自我革命进行到底。凡是影响党的创造力、凝聚力、战斗力的问题都要全力克服，凡是损害党的先进性和纯洁性的病症都要彻底医治，凡是滋生在党的健康肌体上的毒瘤都要坚决祛除。特别是对那些攫取国家和人民利益、侵蚀党的执政根基、动摇社会主义国家政权的人，对那些在党内搞政治团伙、小圈子、利益集团的人，要毫不手软、坚决查处。

（51）反腐败斗争是一场输不起也决不能输的重大政治斗争。习近平总书记指出：“党面临的最大风险和挑战是来自党内的腐败和不正之风。”腐败问题对党的执政基础破坏力最大、杀伤力也最大，是最容易颠覆政权的问题。不得罪成百上千的腐败分子，就要得罪十四亿人民，这是一笔再明白不过的政治账、人心向背账。必须清醒认识到，腐败和反腐败较量还在激烈进行，并呈现出一些新的阶段性特征，防范形形色色的利益集团成伙作势、“围猎”腐蚀还任重道远，有效应对腐败手段隐形变异、翻新升级还任重道远，彻底铲除腐败滋生土壤、实现海晏河清还任重道远，清理系统性腐败、化解风险隐患还任重道远。

打铁必须自身硬。坚持无禁区、全覆盖、零容忍，坚持重遏制、强高压、长震慑，坚持受贿行贿一起查，坚决防止党内形成利益集团，坚决防范各种利益集团“围猎”和绑架领导干部。把权力关进制度的笼子里，依法设定权力、规范权力、制约权力、监督权力。要保持惩治腐败高压态势，巩固反腐败斗争压倒性胜利，一体推进不敢腐、不能腐、不想腐，强化不敢腐的震慑，扎牢不能腐的笼子，增强不想腐的自觉，通过不懈努力换来海晏河清、朗朗乾坤。

七、坚持统筹推进各领域安全

——关于新时代国家安全的主阵地主战场

1. 维护国土安全

（52）我们绝不允许任何人、任何组织、任何政党、在任何时候、以任何形式、把任何一块中国领土从中国分裂出去。一旦发生这样的严重情况，中国人民必将予以迎头痛击。

“一国两制”是解决历史遗留的香港、澳门问题的最佳方案，也是香港、澳门回归后保持长期繁荣稳定的最佳制度。要全面准确贯彻“一国两制”、“港人治港”、“澳人治澳”、高度自治的方针，落实中央对香港、澳门特别行政区全面管治权，落实特别行政区维护国家安全的法律制度和执行机制，维护国家主权、安全、发展利益，维护特别行政区社会大局稳定，保持香港、澳门长期繁荣稳定。我国是单一制国家，中央对包括香港、澳门特别行政区在内的所有地方行政区域拥有全面管治权。特别行政区的高度自治权不是固有的，而是来源于中央授权。必须把维护中央对香港、澳门特别行政区全面管治权和保障特别行政区高度自治权有机结合起来，确保“一国两制”方针不会变、不动摇，确保“一国两制”实践不变形、不走样。必须牢固树立“一国”意识，坚守“一国”原则，正确处理特别行政区和中央的关系。任何危害国家主权安全、挑战中央权力和特别行政区基本法权威、利用特别行政区对内地进行渗透破坏的活动，都是对底线的触碰，都是绝不能允许的。要确保“一国两制”实践行稳致远，必须始终坚持“爱国者治港”、“爱国者治澳”。处理特别行政区的事务完全是中国内政，绝不允许任何外部势力干预香港、澳门事务。

坚持一个中国原则和“九二共识”，推进祖国和平统一进程。世界上只有一个中国，一个中国原则是两岸关系的政治基础。一九四九年以来，两岸虽然尚未统一，但大陆和台湾同属一个中国的事实从未改变，也不可能改变。两岸复归统一，是结束政治对立，不是领土和主权再造。坚持“和平统一、一国两制”的基本方针，以和平方式实现祖国统一，最符合包括台湾同胞在内的中华民族整体利益。我们不承诺放弃使用武力，保留采取一切必要措施的选项，针对的是外部势力干涉和极少数“台独”分裂分子及其分裂活动，绝非针对台湾同胞。“台独”煽动两岸同胞敌意和对立，损害国家主权和领土完整，破坏台海和平稳定，阻挠两岸关系发展，是祖国统一的最大障碍，是民族复兴的严重隐患。包括两岸同胞在内的所有中华儿女，要和衷共济、团结向前，坚决粉碎任何“台独”图谋，共创民族复兴美好未来。台湾问题纯属中国内政，不容任何外来干涉。台湾问题因民族弱乱而产生，必将随着民族复兴而解决。祖国完全统一的历史任务一定要实现，也一定能够实现。

（53）坚决维护边疆安全稳定和繁荣发展。要全面贯彻新时代党的治藏方略，坚持治国必治边、治边先稳藏的战略思想，把维护祖国统一、加强民族团结作为西藏工作的着眼点和着力点，坚持依法治藏、富民兴藏、长期建藏、凝聚人心、夯实基础的重要原则。要全面贯彻新时代党的治疆方略，坚持把社会稳定和长治久安作为新疆工作总目标，依法治疆、团结稳疆、文化润疆、富民兴疆、长期建疆。要严厉打击恐怖主义、分裂主义、极端主义这“三股势力”，坚决防范“藏独”、“东突”，扎牢安全篱笆，防范恐怖极端势力回流。

维护国家海洋权益，着力推动海洋维权向统筹兼顾型转变。建设海洋强国是中国特色社会主义事业的重要组成部分。我国既是陆地大国，也是海洋大国，拥有广泛的海洋战略利益。要进一步关心海洋、认识海洋、经略海洋，着眼于中国特色社会主义事业发展全局，统筹国内国际两个大局，坚持陆海统筹，坚持走依海富国、以海强国、人海和谐、合作共赢的发展道路，通过和平、发展、合作、共赢方式，扎实推进海洋强国建设。统筹维稳和维权两个大局，坚持维护国家主权、安全、发展利益相统一，维护海洋权益和提升综合国力相匹配。要坚持用和平方式、谈判方式解决争端，努力维护和平稳定。要做好应对各种复杂局面的准备，提高海洋维权能力。要坚持“主权属我、搁置争议、共同开发”的方针，推进互利友好合作，寻求和扩大共同利益的汇合点。

南海诸岛自古以来就是中国领土，维护自身的领土主权和正当合理的海洋权益，是中国政府必须承担的责任。中国坚定维护在南海的主权和相关权利，坚定致力于维护南海地区和平稳定，坚持通过同有关当事国直接协商谈判和平解决争议。中方尊重和维护各国依据国际法享有的航行和飞越自由，同时不会接受任何以航行自由为借口损害中国国家主权和安全利益的行为。中国对南沙部分驻守岛礁进行了相关建设和设施维护，不影响也不针对任何国家，主要是为了改善岛上人员工作生活条件，并提供相应国际公共产品服务，也有助于进一步维护南海航行自由和安全。

建设强大稳固的现代边海空防。党政军警民合力强边固防是我国边海防的独特优势。统筹强边固防和“一带一路”建设、乡村振兴、兴边富民、生态保护等工作，促进边境地区经济社会发展和对外开放，维护沿边沿海地区和管辖海域安全稳定与繁荣发展。周密组织边境管控和海上维权行动，筑牢边海防铜墙铁壁。坚持人民防空为人民，铸就坚不可摧的护民之盾。

2. 维护经济安全

（54）经济安全是国家安全的基础。以经济建设为中心是兴国之要，只有推动经济持续健康发展，才能筑牢国家繁荣富强、人民幸福安康、社会和谐稳定的物质基础。在风云变幻的世界经济大潮中，能不能驾驭好我国经济这艘大船，是对我们党的重大考验。要增强忧患意识、坚持底线思维，坚决维护我国发展利益，积极防范各种风险，确保国家经济安全。宏观经济方面要防止大起大落，资本市场上要防止外资大进大出，粮食、能源、重要资源上要确保供给安全，要确保产业链、供应链稳定安全。要维护水利、电力、供水、油气、交通、通信、网络、金融等重要基础设施安全。要正确认识和把握初级产品供给保障，坚持节约优先，实施全面节约战略。在生产领域，推进资源全面节约、集约、循环利用。在消费领域，增强全民节约意识，倡导简约适度、绿色低碳的生活方式。

（55）保证基本经济制度安全。改革开放以来，我们党总结正反两方面经验，确立了社会主义初级阶段的基本经济制度，强调坚持公有制为主体、多种所有制经济共同发展，明确公有制经济和非公有制经济都是社会主义市场经济的重要组成部分，都是我国经济社会发展的重要基础。我们要毫不动摇巩固和发展公有制经济，毫不动摇鼓励、支持、引导非公有制经济发展，推动各种所有制取长补短、相互促进、共同发展。同时，我们也要十分明确，我国基本经济制度是中国特色社会主义制度的重要支柱，也是社会主义市场经济体制的根基，公有制主体地位不能动摇，国有经济主导作用不能动摇。这是保证我国各族人民共享发展成果的制度性保证，也是巩固党的执政地位、坚持我国社会主义制度的重要保证。

进入新发展阶段，我国发展内外环境发生深刻变化。要正确认识和把握资本的特性和行为规律。社会主义市场经济是一个伟大创造，社会主义市场经济中必然会有各种形态的资本，要发挥资本作为生产要素的积极作用，同时有效控制其消极作用。要为资本设置“红绿灯”，依法加强对资本的有效监管，防止资本野蛮生长。要支持和引导资本规范健康发展。

（56）提高经济发展质量和效益。我国正处于跨越“中等收入陷阱”并向高收入国家迈进的历史阶段。二十世纪六十年代以来，全球一百多个中等收入经济体中只有十几个成功进入高收入经济体。那些取得成功的国家，就是在经历高速增长阶段后实现了经济发展从量的扩张转向质的提高。那些徘徊不前甚至倒退的国家，就是没有实现这种根本性转变。我们要注意跨越“中等收入陷阱”，就是要提高我国经济发展质量和效益。必须把发展质量问题摆在更为突出的位置，坚持质量第一、效益优先，切实转变发展方式，推动质量变革、效率变革、动力变革，使发展成果更好惠及全体人民，不断实现人民对美好生活的向往。

要坚持深化供给侧结构性改革这条主线，积极推进去产能、去库存、去杠杆、降成本、补短板，在“巩固、增强、提升、畅通”八个字上下功夫，全面优化升级产业结构，提升创新能力、竞争力和综合实力，增强供给体系的韧性，形成更高效率和更高质量的投入产出关系。供给侧结构性改革要向振兴实体经济发力、聚力，围绕产业基础高级化、产业链现代化，发挥协同联动的整体优势，把实体经济特别是制造业做实做优做强。要把握新一轮科技革命和产业变革新机遇，促进数字技术与实体经济深度融合，赋能传统产业转型升级，催生新产业新业态新模式，不断做强做优做大我国数字经济，推动构筑国家竞争新优势。

（57）优化和稳定产业链、供应链。产业链、供应链在关键时刻不能掉链子，这是大国经济必须具备的重要特征。我国完备的产业体系、强大的动员组织和产业转换能力，为抗击新冠肺炎疫情提供了重要物质保障。同时，疫情冲击也暴露出我国产业链、供应链存在的风险隐患。我们不应该也不可能再简单重复过去的模式，而应该努力重塑新的产业链，全面加大科技创新和进口替代力度，这是深化供给侧结构性改革的重点，也是实现高质量发展的关键。

要拉长长板，巩固提升优势产业的国际领先地位，锻造一些“杀手锏”技术，持续增强高铁、电力装备、新能源、通信设备等领域的全产业链优势，提升产业质量，拉紧国际产业链对我国的依存关系，形成对外方人为断供的强有力反制和威慑能力。要补齐短板，在关系国家安全的领域和节点构建自主可控、安全可靠的国内生产供应体系，在关键时刻可以做到自我循环，确保在极端情况下经济正常运转。要维护产业链、供应链的全球公共产品属性，坚决反对把产业链、供应链政治化、武器化，维护产业链、供应链安全稳定，畅通世界经济运行脉络。

（58）牢牢把住粮食安全主动权。习近平总书记指出："粮食问题不能只从经济上看，必须从政治上看，保障国家粮食安全是实现经济发展、社会稳定、国家安全的重要基础。"我国是个人口众多的大国，解决好吃饭问题，始终是治国理政的头等大事。中国人的饭碗要牢牢端在自己手上，我们的饭碗应该主要装中国粮。手中有粮、心中不慌在任何时候都是真理，国家粮食安全这根弦什么时候都要绷紧，一刻也不能放松。

总体看，我国粮食安全基础仍不稳固，粮食安全形势依然严峻，什么时候都不能轻言粮食过关了。必须实施以我为主、立足国内、确保产能、适度进口、科技支撑的国家粮食安全战略。要依靠自己保口粮，集中国内资源保重点，做到谷物基本自给、口粮绝对安全。对国内资源生产满足不了或为土地等资源休养生息不得不进口的短缺粮食品种，要掌握进口的稳定性和主动权，把握适当比例，积极利用国外资源。

保障粮食安全，关键在于落实藏粮于地、藏粮于技战略。耕地是粮食生产的命根子，耕地红线一定要守住，千万不能突破，也不能变通突破，要实行最严格的耕地保护制度，像保护大熊猫一样保护耕地，持续推进高标准农田建设。必须把种子牢牢攥在自己手中，深入实施种业振兴行动，把民族种业搞上去，把种源安全提升到关系国家安全的战略高度，集中力量破难题、补短板、强优势、控风险，实现种业科技自立自强、种源自主可控。要加快转变农业发展方式，推进农业现代化，既要实现眼前的粮食产量稳定，又要形成新的竞争力，注重可持续性，增强政策精准性。粮食生产根本在耕地，命脉在水利，出路在科技，动力在政策，这些关键点要一个一个抓落实、抓到位，努力在高基点上实现粮食生产新突破。

（59）确保能源和重要资源安全。习近平总书记指出，抓住能源就抓住了国家发展和安全战略的“牛鼻子”。能源安全是关系国家经济社会发展的全局性、战略性问题，对国家繁荣发展、人民生活改善、社会长治久安至关重要。经过长期发展，我国已成为世界上最大的能源生产国和消费国，形成了煤炭、电力、石油、天然气、新能源、可再生能源全面发展的能源供给体系，但也面临着能源需求压力巨大、能源供给制约较多、能源生产和消费对生态环境损害严重、能源技术水平总体落后、部分能源对外依存度高等挑战。我们必须从国家发展和安全的战略高度，审时度势，借势而为，找到顺应能源大势之道，保障经济社会发展所需的资源能源持续、可靠和有效供给。

要推动能源消费革命，抑制不合理能源消费；推动能源供给革命，建立多元供应体系；推动能源技术革命，带动产业升级；推动能源体制革命，打通能源发展快车道。要大力节约集约利用资源，推动资源利用方式根本转变，加强全过程节约管理，大幅降低能源、水、土地消耗强度。要在主要立足国内的前提条件下，在能源生产和消费革命所涉及的各个方面加强国际合作，有效利用国际资源，实现开放条件下能源安全。

（60）坚决守住不发生系统性金融风险底线。金融是国家重要的核心竞争力，维护金融安全是关系我国经济社会发展全局的一件带有战略性、根本性的大事。当前，金融风险易发高发，虽然系统性风险总体可控，但不良资产风险、流动性风险、债券违约风险、外部冲击风险、房地产泡沫风险、地方政府债务风险、互联网金融风险等不容忽视。如果我们将来出大问题，很可能就会在这个领域出问题，这一点要高度警惕。

防范化解金融风险，特别是防止发生系统性金融风险，是金融工作的根本性任务，也是金融工作的永恒主题。要科学防范金融风险，早识别、早预警、早发现、早处置，着力防范化解重点领域风险，着力整治各种金融乱象，着力加强风险源头管控，着力完善金融安全防线和风险应急处置机制。要继续按照稳定大局、统筹协调、分类施策、精准拆弹的方针，抓好风险处置工作，加强金融法治建设，压实地方、金融监管、行业主管等各方责任，压实企业自救主体责任。要坚持底线思维，坚持问题导向，着力深化金融改革，加强金融监管，科学防范风险，强化安全能力建设，不断提高金融业竞争能力、抗风险能力、可持续发展能力。

（61）织密织牢开放安全网。在经济全球化深入发展的条件下，我们不可能关起门来搞建设，而是要善于统筹国内国际两个大局，利用好国际国内两个市场、两种资源。必须处理好自立自强和开放合作的关系，处理好积极参与国际分工和保障国家安全的关系，处理好利用外资和安全审查的关系，提高监管能力，筑牢安全网。

要顺应我国经济深度融入世界经济的趋势，发展更高层次的开放型经济，实现高质量引进来和高水平走出去，推动贸易创新发展，积极参与全球经济治理，促进国际经济秩序朝着平等公正、合作共赢的方向发展。加强顶层设计、谋划大棋局，既要谋子更要谋势，加快推进规则标准等制度型开放，完善自由贸易试验区布局，建设更高水平开放型经济新体制。坚持底线思维、注重防风险，做好风险评估，努力排除风险因素，加强先行先试、科学求证，加快建立健全综合监管体系，大力提升国内监管能力和水平，完善安全审查机制，重视运用国际通行规则维护国家安全。

3. 维护科技安全

（62）强化科技自立自强作为国家安全和发展的战略支撑作用。科技是国家强盛之基，创新是民族进步之魂。习近平总书记指出：“当今世界正经历百年未有之大变局，科技创新是其中一个关键变量。”从某种意义上说，科技实力决定着世界政治经济力量对比的变化，也决定着各国各民族的前途命运。中国近代史上落后挨打的根子之一就是技术落后。当前，新一轮科技革命和产业变革突飞猛进，围绕科技制高点的竞争空前激烈。科技创新成为国际战略博弈的主要战场，科学技术的重要性全面上升。谁牵住了科技创新这个“牛鼻子”，谁走好了科技创新这步先手棋，谁就能占领先机、赢得优势。

党的十八大以来，我国科技事业取得历史性成就、发生历史性变革。重大创新成果竞相涌现，一些前沿领域开始进入并跑、领跑阶段，科技实力正在从量的积累迈向质的飞跃，从点的突破迈向系统能力提升。同时，也要看到，我国原始创新能力还不强，创新体系整体效能还不高，科技创新资源整合还不够，科技创新力量布局有待优化。要面向世界科技前沿、面向经济主战场、面向国家重大需求、面向人民生命健康，深入实施科教兴国战略、人才强国战略、创新驱动发展战略，完善国家创新体系，加快建设科技强国，实现高水平科技自立自强。

（63）坚定不移走自主创新道路。创新是引领发展的第一动力，是国家综合国力和核心竞争力的最关键因素。实践告诉我们，自力更生是中华民族自立于世界民族之林的奋斗基点，自主创新是我们攀登世界科技高峰的必由之路。我们是一个大国，在科技创新上要有自己的东西。如果总是跟踪模仿，是没有出路的，不仅差距会越拉越大，还将被长期锁定在产业分工格局的低端。要坚定创新自信，紧抓创新机遇，坚持创新在我国现代化建设全局中的核心地位，把原始创新能力提升摆在更加突出的位置，全面增强自主创新能力，掌握新一轮全球科技竞争的战略主动。自主创新是开放环境下的创新，绝不能关起门来搞。越是面临封锁打压，越不能搞自我封闭、自我隔绝。要更加主动地融入全球创新网络，在开放合作中提升自身科技创新能力。

世界科技强国竞争，比拼的是国家战略科技力量。要抓紧布局国家实验室，重组国家重点实验室体系，发挥高校在科研中的重要作用，调动各类科研院所的积极性，形成战略力量。科技创新活动不断突破地域、组织、技术的界限，演化为创新体系的竞争。要深化科技体制改革，改善科技创新生态，加强体系建设和能力建设，完善国家创新体系，解决资源配置重复、科研力量分散、创新主体功能定位不清晰等突出问题，提高创新体系整体效能。

走好人才自主培养之路。人才是创新的第一资源，创新驱动实质上是人才驱动，谁拥有一流的创新人才，谁就拥有了科技创新的优势和主导权。中国是一个大国，对人才数量、质量、结构的需求是全方位的，满足这样庞大的人才需求必须主要依靠自己培养，提高人才供给自主可控能力。要深入实施新时代人才强国战略，深化人才发展体制机制改革，激发各类人才创新活力，大力培养使用战略科学家，打造大批一流科技领军人才和创新团队，造就规模宏大的青年科技人才队伍，培养大批卓越工程师。要构筑集聚全球优秀人才的科研创新高地，完善高端人才、专业人才来华工作、科研、交流的政策。

(64) 坚决打赢关键核心技术攻坚战。关键核心技术是国之重器。在国际上，没有核心技术的优势就没有政治上的强势。实践反复告诉我们，关键核心技术是要不来、买不来、讨不来的。习近平总书记指出："人家把核心技术当'定海神针'、'不二法器'，怎么可能提供给你呢？"只有把核心技术掌握在自己手中，才能真正掌握竞争和发展的主动权，才能从根本上保障国家经济安全、国防安全和其他安全。

加快构建关键核心技术攻关新型举国体制。我国社会主义制度能够集中力量办大事是我们成就事业的重要法宝。我国很多重大科技成果都是依靠这个法宝搞出来的。要推动有效市场和有为政府更好结合，充分发挥国家作为重大科技创新组织者的作用，充分发挥市场在资源配置中的决定性作用，把政府、市场、社会等各方面力量拧成一股绳，形成推进科技创新的强大合力。

加快攻克重要领域"卡脖子"技术。科技攻关要坚持问题导向，奔着最紧急、最紧迫的问题去。要从国家急迫需要和长远需求出发，在石油天然气、基础原材料、高端芯片、工业软件、农作物种子、科学试验用仪器设备、化学制剂等方面关键核心技术上全力攻坚，努力实现关键核心技术自主可控，把创新主动权、发展主动权牢牢掌握在自己手中。

核心技术的根源问题是基础研究问题，基础研究搞不好，应用技术就会成为无源之水、无本之木。要瞄准世界科技前沿，强化基础研究，努力实现更多从零到一的突破。基础研究要勇于探索、突出原创，更要应用牵引、突破瓶颈，从经济社会发展和国家安全面临的实际问题中凝练科学问题，弄通“卡脖子”技术的基础理论和技术原理。要加大基础研究财政投入力度、优化支出结构，形成持续稳定的投入机制。要维护知识产权领域国家安全，加强事关国家安全的关键核心技术的自主研发和保护，依法管理涉及国家安全的知识产权对外转让行为，依法惩治侵犯知识产权和科技成果的违法犯罪行为。

（65）积极抢占科技竞争和未来发展制高点。中国要强盛、要复兴，就一定要大力发展科学技术，努力成为世界主要科学中心和创新高地。近代以来，西方国家之所以能称雄世界，一个重要原因就是掌握了高端科技。要牢牢把握科技进步大方向，强化战略导向和目标引导，加快构筑支撑高端引领的先发优势，在重要科技领域成为领跑者，在新兴前沿交叉领域成为开拓者，为建设科技强国、质量强国、航天强国、网络强国、交通强国、数字中国、智慧社会提供有力支撑。

加强重大创新领域战略研判和前瞻部署。推动科技发展，必须准确判断科技突破方向。判断准了就能抓住先机。要密切跟踪、科学研判世界科技创新发展的趋势，以关键共性技术、前沿引领技术、现代工程技术、颠覆性技术创新为突破口，瞄准人工智能、量子信息、集成电路、先进制造、生命健康、脑科学、生物育种、空天科技、深地深海等前沿领域，前瞻部署一批战略性、储备性技术研发项目，实施好国家重大科学计划和科学工程，加快在国际科学前沿领域抢占制高点。要瞄准经济建设和事关国家安全的重大工程科技问题，加快自主创新成果转化应用，在前瞻性、战略性领域打好主动仗。

发展独有的“杀手锏”，确保不被敌实施技术突袭。如果我们没有一招鲜、几招鲜，最终还是要受制于人。习近平总书记指出，“我国科技如何赶超国际先进水平？要采取‘非对称’战略，更好发挥自己的优势”。要确定正确的跟进和突破策略，按照主动跟进、精心选择、有所为有所不为的方针，提高技术认知力，加强独创性设计，对看准的，要超前规划布局，加大投入力度，加速赶超步伐。

（66）科技是发展的利器，也可能成为风险的源头。古往今来，很多技术都是“双刃剑”。一方面可以造福社会、造福人民，另一方面也可以被一些人用来损害社会公共利益和民众利益。这也提醒我们，在发展新技术新业务时，必须警惕风险蔓延。

新科技革命和产业变革是一次全方位变革，将对人类生产模式、生活方式、价值理念产生深刻影响。要坚持促进创新与防范风险相统一、制度规范与自我约束相结合，把科技伦理要求贯穿到科学研究、技术开发等科技活动全过程，覆盖到科技创新各领域，及时从规制上做好应对，确保科技活动风险可控。要加快科技安全预警监测体系建设，围绕人工智能、基因编辑、医疗诊断、自动驾驶、无人机、服务机器人等领域，加快推进相关立法工作。要把提升包容性置于更突出位置，处理好公平和效率、资本和劳动、技术和就业的关系，让更多人共享发展成果。

科技创新是人类社会发展的重要引擎，是应对许多全球性挑战的有力武器。科技成果应该造福全人类，而不应该成为限制、遏制其他国家发展的手段。要深度参与全球科技治理，贡献中国智慧，塑造科技向善的文化理念，让科技更好增进人类福祉，让中国科技为推动构建人类命运共同体作出更大贡献。

4. 维护文化安全

（67）文化是一个国家、一个民族的灵魂。历史和现实都表明，一个抛弃了或者背叛了自己历史文化的民族，不仅不可能发展起来，而且很可能上演一幕幕历史悲剧。文化自信，是更基础、更广泛、更深厚的自信，是更基本、更深沉、更持久的力量。坚定文化自信，是事关国运兴衰、事关文化安全、事关民族精神独立性的大问题。中华民族生生不息绵延发展、饱受挫折又不断浴火重生，都离不开中华文化的有力支撑。

我国正处在大发展大变革大调整时期，国际国内形势的深刻变化使我国意识形态领域面临着空前复杂的情况，各种思想文化相互激荡，不同文明交流交融交锋更加频繁，进一步凸显了思想文化力量在综合国力竞争中的战略地位。在这样的情况下，如何提高整合社会思想文化和价值观念的能力，扩大主流价值观念的影响力，掌握价值观念领域的主动权、主导权、话语权，是我们必须解决好的重大课题。

（68）价值观念在一定社会的文化中是起中轴作用的，文化的影响力首先是价值观念的影响力。世界上各种文化之争，本质上是价值观念之争，也是人心之争、意识形态之争，正所谓“一时之强弱在力，千古之胜负在理”。历史和现实都表明，核心价值观是一个国家的重要稳定器，能否构建具有强大感召力的核心价值观，关系社会和谐稳定，关系国家长治久安。如果没有共同的核心价值观，一个民族、一个国家就会魂无定所、行无依归。一些国家发生社会动荡、政权更迭，很重要的一个原因就是核心价值体系混乱了，核心价值观受到了怀疑和否定。我国是一个有着十四亿多人口、五十六个民族的大国，确立反映全国各族人民共同认同的价值观“最大公约数”，使全体人民同心同德、团结奋进，关乎国家前途命运，关乎人民幸福安康。

社会主义核心价值观决定着各民族共有精神家园的发展方向。要把培育和弘扬社会主义核心价值观作为凝魂聚气、强基固本的基础工程，作为一项根本任务，加快构建充分反映中国特色、民族特性、时代特征的价值体系，努力抢占价值体系的制高点。要加强社会主义核心价值体系建设，使之成为全体人民的共同价值追求。要坚持从小就抓、从幼儿园就抓，注重从少数民族文化中汲取营养，创新载体和方式，搞好网上和网下结合，增进各族群众对伟大祖国、中华民族、中华文化、中国共产党、中国特色社会主义的认同，形成各民族同呼吸、共命运、心连心的牢固精神纽带。

（69）文化软实力集中体现了一个国家基于文化而具有的凝聚力和生命力，以及由此产生的吸引力和影响力。古往今来，任何一个大国的发展进程，既是经济总量、军事力量等硬实力提高的进程，也是价值观念、思想文化等软实力提高的进程。提高国家文化软实力，要努力夯实国家文化软实力的根基，切实把我们自身的文化建设好。要努力传播当代中国价值观念，把当代中国价值观念贯穿于国际交流和传播方方面面。要努力展示中华文化独特魅力，综合运用大众传播、群体传播、人际传播等多种方式，把继承传统优秀文化又弘扬时代精神、立足本国又面向世界的当代中国文化创新成果传播出去。

要努力提高国际话语权。落后就要挨打，贫穷就要挨饿，失语就要挨骂。经过几代人不懈奋斗，前两个问题基本得到解决，但“挨骂”问题还没有得到根本解决。加强和改进国际传播工作，加快构建中国话语和中国叙事体系，打造融通中外的新概念、新范畴、新表述，依托我国发展的生动实践，更加充分、更加鲜明地展现中国故事及其背后的思想力量和精神力量，广泛宣介中国主张、中国智慧、中国方案，形成同我国综合国力和国际地位相匹配的国际话语权。

(70) 中华优秀传统文化是中华民族的精神命脉，是涵养社会主义核心价值观的重要源泉，也是我们在世界文化激荡中站稳脚跟的坚实根基。抛弃传统、丢掉根本，就等于割断了自己的精神命脉。要加强对中华优秀传统文化的挖掘和阐发，使中华民族最基本的文化基因同当代中国文化相适应、同现代社会相协调，把跨越时空、超越国界、富有永恒魅力、具有当代价值的文化精神弘扬起来，激活其内在的强大生命力。要科学对待民族传统文化，科学对待世界各国文化，用人类创造的一切优秀思想文化成果武装自己，推动中华优秀传统文化创造性转化、创新性发展。

历史文化遗产是不可再生、不可替代的宝贵资源，不仅生动述说着过去，也深刻影响着当下和未来；不仅属于我们，也属于子孙后代。保护好、传承好历史文化遗产是对历史负责、对人民负责。要用心用情用力保护好、管理好、运用好红色资源，加强科学保护，开展系统研究，强化教育功能，讲好党的故事、革命的故事、英雄的故事。要传承历史文脉，处理好城市改造开发和历史文化遗产保护利用的关系，切实做到在保护中发展、在发展中保护。要搞好历史文化遗产保护工作，建立健全历史文化遗产资源资产管理制度，健全不可移动文物保护机制，增强历史文化遗产防护能力，严厉打击文物犯罪。要加强非物质文化遗产保护和传承，积极培养传承人，让非物质文化遗产绽放出更加迷人的光彩。

5. 维护社会安全

（71）社会安全与人民群众切身利益关系最密切，是人民群众安全感的晴雨表，是社会安定的风向标。我国社会大局保持长期稳定，成为世界上最有安全感的国家之一。随着经济发展、社会进步，人民群众对过上美好生活有更高的期待，对社会安全有更高的标准。我们要安而不忘危、治而不忘乱，增强忧患意识和责任意识，始终保持高度警觉，任何时候都不能麻痹大意。

要从人民群众反映最强烈的问题入手，全面排查各类安全隐患，防范重大突发事件发生，妥善处置公共卫生、重大灾害等影响国家安全的突发事件。坚持共建共治共享方向，聚焦影响国家安全、社会安定、人民安宁的突出问题，深入推进市域社会治理现代化，深化平安创建活动，加强基层组织、基础工作、基本能力建设，建设更高水平的平安中国。

各级党委和政府要切实肩负起“促一方发展、保一方平安”的政治责任，明确并严格落实责任制，加强对平安建设的组织领导，研究解决体制性、机制性、政策性问题，努力为人民安居乐业、社会安定有序、国家长治久安编织全方位、立体化的公共安全网。

（72）要积极预防、妥善化解各类社会矛盾，着力防范管控各类社会风险，确保社会既充满生机活力又保持安定有序。要增强发展的全面性、协调性、可持续性，加强保障和改善民生工作，从源头上预防和减少社会矛盾的产生。要以促进社会公平正义、增进人民福祉为出发点和落脚点，推动发展成果更多更公平惠及全体人民。

各种人民内部矛盾和社会矛盾已经成为影响社会稳定很突出、处理起来很棘手的问题，而其中大量问题是由利益问题引发的。这就要求我们处理好维稳和维权的关系。既要解决合理合法诉求、维护群众利益，也要引导群众依法表达诉求、维护社会秩序。对涉及维权的维稳问题，首先要把群众合理合法的利益诉求解决好。单纯维稳，不解决利益问题，那是本末倒置，最后也难以稳定下来。要完善和落实维护群众合法权益的体制机制，完善和落实社会稳定风险评估机制，预防和减少利益冲突。对各类社会矛盾，要引导群众通过法律程序、运用法律手段解决，推动形成办事依法、遇事找法、解决问题用法、化解矛盾靠法的良好环境。对群众通过信访渠道反映出来的信访突出问题，要切实依法及时就地解决群众合理诉求，真正把解决信访问题的过程作为践行党的群众路线、做好群众工作的过程。

基层是社会和谐稳定的基础。要加强和创新基层社会治理，坚持和完善新时代“枫桥经验”，加强城乡社区建设，强化网格化管理和服务，完善社会矛盾纠纷多元预防调处化解综合机制。社会治理的重心必须落到城乡社区，要把资源、服务、管理放到基层，加快形成社会治理人人参与、人人尽责的良好局面，使每个社会细胞都健康活跃，将矛盾纠纷化解在基层，将和谐稳定创建在基层。

（73）创新完善立体化、信息化社会治安防控体系，保持对刑事犯罪的高压震慑态势，增强人民群众安全感。近年来，全国社会治安形势持续好转，暴力犯罪案件数量不断下降，人民群众安全感稳步提升，同时这方面仍有不少突出问题，非法集资、信息泄露、网络诈骗等案件相当猖獗，违法犯罪手段日趋信息化、动态化、智能化，以报复社会、制造影响为目的的个人极端暴力案件时有发生，严重暴力犯罪屡打不绝，等等。要围绕影响群众安全感的突出问题，履行好打击犯罪、保护人民的职责，努力使人民群众安全感更加充实、更有保障、更可持续。要加大警力投入，强化显性用警，全面落实公安武警联勤联动联防联控机制，提高见警率、管事率。

要坚持保障合法权益和打击违法犯罪两手都要硬、都要快。对涉众型经济案件受损群体，要坚持把防范打击犯罪同化解风险、维护稳定统筹起来，做好控赃控人、资产返还、教育疏导等工作。对涉枪涉爆、暴力恐怖和个人极端暴力犯罪，对盗抢骗、黄赌毒、食药环等突出违法犯罪，要保持高压震慑态势，坚持重拳出击、露头就打。全面落实打防管控各项措施，坚决遏制电信网络诈骗犯罪多发高发态势。紧盯涉黑涉恶重大案件、黑恶势力经济基础、背后“关系网”、“保护伞”不放，在打防并举、标本兼治上下功夫，推动扫黑除恶常态化。

（74）恐怖主义和极端思潮泛滥，是对和平与发展的严峻考验。反恐怖斗争事关国家安全，事关人民群众切身利益，事关改革发展稳定全局，是一场维护祖国统一、社会安定、人民幸福的斗争，必须采取坚决果断措施，保持严打高压态势，筑起铜墙铁壁，对暴力恐怖活动发现一起、打掉一起，坚决把暴力恐怖分子嚣张气焰打下去，使暴力恐怖分子成为“过街老鼠、人人喊打”。暴力恐怖活动漠视基本人权、践踏人道正义，挑战的是人类文明共同的底线，既不是民族问题，也不是宗教问题，而是各族人民的共同敌人。我们要坚定不移相信和依靠各族干部群众，团结他们一道维护民族团结和社会稳定。

恐怖主义不分国界，也没有好坏之分，反恐不能搞双重标准。中国是恐怖主义的受害者，身处国际反恐斗争前沿。近年来，国际社会加大反恐合作，恐怖组织蔓延势头得到遏制，但恐怖主义毒瘤并未根除。开展反恐国际合作，一是要摒弃双重标准，充分发挥联合国在国际反恐斗争中的主导作用，矢志一心，形成合力；二是要妥善解决地区热点问题，帮助有关国家尽快恢复稳定，遏制住恐怖主义蔓延猖獗之势；三是要着眼长远，综合施策，标本兼治，政治、经济、文化等多措并举，切断恐怖主义获取资金的渠道，遏制恐怖主义利用互联网从事恐怖传播活动，从源头肃清恐怖主义滋生的温床。

（75）充分发挥我国应急管理体系特色和优势，积极推进我国应急管理体系和能力现代化。我国是世界上自然灾害最为严重的国家之一，同时，我国各类事故隐患和安全风险交织叠加、易发多发，影响公共安全的因素日益增多。加强应急管理体系和能力建设，既是一项紧迫任务，又是一项长期任务。

要健全风险防范化解机制，加强风险评估和监测预警，加强重点行业领域的安全风险排查，提升多灾种和灾害链综合监测、风险早期识别和预报预警能力，加强应急预案管理，落实各环节责任和措施，实施精准治理，坚持依法管理，筑牢防灾减灾救灾的人民防线。推动形成统一指挥、专常兼备、反应灵敏、上下联动、平战结合的中国特色应急管理体制，强化应急救援队伍战斗力建设，建设区域应急救援中心，加强航空应急救援能力建设，发挥高铁优势构建力量快速输送系统。要强化应急管理装备技术支撑，加大先进适用装备的配备力度，以信息化推进应急管理现代化。要发挥好应急管理部门的综合优势和各相关部门的专业优势，确保责任链条无缝对接，形成整体合力。

6. 维护生态安全

（76）生态环境安全是国家安全的重要组成部分，是经济社会持续健康发展的重要保障。生态文明建设是关系中华民族永续发展的根本大计。生态文明建设做好了，对中国特色社会主义是加分项，反之就会成为别有用心的势力攻击我们的借口。在生态环境保护上，一定要树立大局观、长远观、整体观，不能因小失大、顾此失彼、寅吃卯粮、急功近利。我们要坚持节约资源和保护环境的基本国策，像保护眼睛一样保护生态环境，像对待生命一样对待生态环境。

总体上看，我国生态环境质量持续好转，出现了稳中向好趋势，但成效并不稳固，从量变到质变的拐点还没有到来，稍有松懈就有可能出现反复，犹如逆水行舟，不进则退。生态文明建设仍然面临诸多矛盾和挑战，正处于压力叠加、负重前行的关键期，已进入提供更多优质生态产品以满足人民日益增长的优美生态环境需要的攻坚期，也到了有条件有能力解决生态环境突出问题的窗口期。我们必须咬紧牙关，爬过这个坡，迈过这道坎。

新时代推进生态文明建设，要坚持人与自然和谐共生、绿水青山就是金山银山、良好生态环境是最普惠的民生福祉、山水林田湖草沙是生命共同体、用最严格制度最严密法治保护生态环境、共谋全球生态文明建设等原则，建设美丽中国。

（77）坚持不懈推动绿色低碳发展。习近平总书记指出：“生态环境保护的成败，归根结底取决于经济结构和经济发展方式。”建立健全绿色低碳循环发展经济体系、促进经济社会发展全面绿色转型是解决我国生态环境问题的基础之策。我国生态文明建设进入了以降碳为重点战略方向、推动减污降碳协同增效、促进经济社会发展全面绿色转型、实现生态环境质量改善由量变到质变的关键时期。要坚定不移走绿色低碳循环发展之路，构建绿色产业体系和空间格局，引导形成绿色生产方式和生活方式，促进人与自然和谐共生。

推动绿色低碳发展是国际潮流所向、大势所趋，绿色经济已经成为全球产业竞争制高点。一些西方国家对我国大打“环境牌”，多方面对我国施压，围绕生态环境问题的大国博弈十分激烈。实现碳达峰、碳中和是我国向世界作出的庄严承诺，要采取更加有力的政策和措施，力争二〇三〇年前二氧化碳排放达到峰值，努力争取二〇六〇年前实现碳中和。要处理好发展和减排的关系，坚持统筹谋划，在降碳的同时确保能源安全、产业链供应链安全、粮食安全，确保群众正常生活。各级党委和政府要拿出抓铁有痕、踏石留印的劲头，明确时间表、路线图、施工图，推动经济社会发展建立在资源高效利用和绿色低碳发展的基础之上。

（78）深入打好污染防治攻坚战。现在，人民群众对生态环境质量的期望值更高，对生态环境问题的容忍度更低。要集中攻克老百姓身边的突出生态环境问题，坚持精准治污、科学治污、依法治污，保持力度、延伸深度、拓宽广度，持续打好蓝天、碧水、净土保卫战。坚决打赢蓝天保卫战是重中之重，要持续实施大气污染防治行动计划，基本消除重污染天气，还老百姓蓝天白云、繁星闪烁。要深入实施水污染防治行动计划，还给老百姓清水绿岸、鱼翔浅底的景象。要全面落实土壤污染防治行动计划，突出重点区域、行业和污染物，强化土壤污染管控和修复，有效防范风险，让老百姓吃得放心、住得安心。持续开展农村人居环境整治行动，打造美丽乡村，为老百姓留住鸟语花香田园风光。

（79）提升生态系统质量和稳定性。我国环境容量有限，生态系统脆弱，污染重、损失大、风险高的生态环境状况还没有根本扭转，并且独特的地理环境加剧了地区间的不平衡。要坚持系统观念，从生态系统整体性出发，推进山水林田湖草沙一体化保护和修复，更加注重综合治理、系统治理、源头治理。要加快划定并严守生态保护红线、环境质量底线、资源利用上线三条红线。对突破三条红线、仍然沿用粗放增长模式、吃祖宗饭砸子孙碗的事，绝对不能再干，绝对不允许再干。要有效防范生态环境风险，防止各类生态环境风险积聚扩散，做好应对任何形式生态环境风险挑战的准备。要把生态环境风险纳入常态化管理，系统构建全过程、多层级生态环境风险防范体系，着力提升突发环境事件应急处置能力。

加快推进生态保护修复，筑牢国家生态安全屏障。长江拥有独特的生态系统，是我国重要的生态宝库，涉及长江的一切经济活动都要以不破坏生态环境为前提，共抓大保护，不搞大开发。黄河是中华民族的母亲河，沿岸各省区都要自觉承担起保护黄河的重要责任，坚决杜绝污染黄河行为，让母亲河永远健康。要重点实施青藏高原、黄土高原、云贵高原、秦巴山脉、祁连山脉、大小兴安岭和长白山、南岭山地地区、京津冀水源涵养区、内蒙古高原、河西走廊、塔里木河流域、滇桂黔喀斯特地区等关系国家生态安全区域的生态修复工程。要开展大规模国土绿化行动，推进天然林保护、防护林体系建设、京津风沙源治理、退耕还林还草、湿地保护恢复等重大生态工程，加强城市绿化，加快水土流失和荒漠化石漠化综合治理。全面建立生态补偿制度，形成受益者付费、保护者得到合理补偿的良性局面。

（80）提高生态环境领域国家治理体系和治理能力现代化水平。我国生态环境保护中存在的突出问题大多同体制不健全、制度不严格、法治不严密、执行不到位、惩处不得力有关。要健全党委领导、政府主导、企业主体、社会组织和公众共同参与的现代环境治理体系，构建一体谋划、一体部署、一体推进、一体考核的制度机制。中央环境保护督察要强化权威，加强力量配备，向纵深发展，敢于动真格，不怕得罪人，咬住问题不放松，推动地方党委和政府及其相关部门落实生态环境保护责任。要落实领导干部生态文明建设责任制，严格考核问责。要下大气力抓住破坏生态环境的反面典型，释放出严加惩处的强烈信号。对任何地方、任何时候、任何人，凡是需要追责的，必须一追到底，决不能让制度规定成为“没有牙齿的老虎”。要严格用制度管权治吏、护蓝增绿，有权必有责、有责必担当、失责必追究，保证党中央关于生态文明建设决策部署落地生根见效。

7. 维护军事安全

（81）强国必须强军，军强才能国安。国防和军队建设是国家安全的坚强后盾。没有一个巩固的国防，没有一支强大的军队，和平发展就没有保障。我们捍卫和平、维护安全、慑止战争的手段和选择有多种多样，但军事手段始终是保底手段。

人民军队必须服从服务于党的历史使命，把握新时代国家安全战略需求，为巩固中国共产党领导和我国社会主义制度提供战略支撑，为捍卫国家主权、统一、领土完整提供战略支撑，为维护我国海外利益提供战略支撑，为促进世界和平与发展提供战略支撑，担当起党和人民赋予的新时代使命任务。

面对国家安全环境的深刻变化，面对强国强军的时代要求，必须全面贯彻习近平强军思想，贯彻新时代军事战略方针，坚持党对人民军队的绝对领导，坚持走中国特色强军之路，建设一支听党指挥、能打胜仗、作风优良的人民军队，把人民军队建设成为世界一流军队。

（82）坚持党对军队的绝对领导，永葆人民军队性质、宗旨、本色。党对军队绝对领导的根本原则和制度，发端于南昌起义，奠基于三湾改编，定型于古田会议。党对军队的绝对领导是中国特色社会主义的本质特征，是党和国家的重要政治优势，是人民军队的建军之本、强军之魂，是人民军队始终保持强大的凝聚力、向心力、创造力、战斗力的根本保证。在这个重大原则问题上，头脑要特别清醒，态度要特别鲜明，行动要特别坚决，不能有任何动摇、任何迟疑、任何含糊。前进道路上，人民军队必须牢牢坚持党对军队的绝对领导，把这一条当作人民军队永远不能变的军魂、永远不能丢的命根子。

中央军委实行主席负责制，就是中央军委主席负责中央军委全面工作，领导指挥全国武装力量，决定国防和军队建设一切重大问题。军委主席负责制是宪法和党章规定的，是坚持党对军队绝对领导的根本制度，解决的是我军最高领导权和指挥权问题。对这项制度的极端重要性，要从党、国家和军队兴旺发达、长治久安的高度来认识。

坚持党对军队的绝对领导，首先全军对党要绝对忠诚。这是马克思主义建党建军的一条基本原则，是我们党长期以来建军治军经验教训的深刻总结。敌对势力加紧实施“政治转基因”工程，极力鼓吹“军队非党化、非政治化”和“军队国家化”，妄图对我军官兵拔根去魂。要教育引导广大官兵把我军政治灵魂融入血脉，强化政治意识、大局意识、核心意识、看齐意识，坚定不移听党的话、跟党走。要严肃党内政治生活，严肃政治纪律和政治规矩，以整风精神推进政治整训，加强忠诚度鉴别和政治考察，确保枪杆子牢牢掌握在对党绝对忠诚的人手中。

（83）能战方能止战，全面提高新时代备战打仗能力。军队是要准备打仗的，一切工作都必须坚持战斗力标准，向能打仗、打胜仗聚焦。准备打才可能不必打，越不能打越可能挨打，这就是战争与和平的辩证法。要正确认识和把握我国安全和发展大势，强化忧患意识、危机意识、打仗意识，把新时代军事战略思想立起来，把新时代军事战略方针立起来，把备战打仗指挥棒立起来，把抓备战打仗的责任担当立起来。

人民军队永远是战斗队，人民军队的生命力在于战斗力。要时刻准备打仗，强化战斗队意识，集中精力研究军事、研究战争、研究打仗，真抓实备，常备不懈，确保随时拉得出、上得去、打得赢。要与时俱进加强军事战略指导，进一步拓宽战略视野、更新战略思维、前移指导重心，把预防危机、遏制战争、打赢战争统一起来，把备战与止战、威慑与实战、战争行动与和平时期军事力量运用作为一个整体加以运筹。要扎实做好各战略方向军事斗争准备，统筹推进传统安全领域和新型安全领域军事斗争准备，加快打造高水平战略威慑和联合作战体系。

军队能不能打仗、能不能打胜仗，指挥是一个决定性因素。要坚持联合作战统一筹划、统一指挥大方向，强化联合指挥、联合行动、联合保障，努力建设绝对忠诚、善谋打仗、指挥高效、敢打必胜的联合作战指挥机构，构建平战一体、常态运行、专司主营、精干高效的战略战役指挥体系。

军事训练是部队经常性中心工作，是生成和提高战斗力的基本途径。要围绕实战抓训练，坚持仗怎么打兵就怎么练，打仗需要什么就苦练什么，什么问题突出就解决什么问题，全面提高军事训练实战化水平。要紧盯科技之变、战争之变、对手之变，大力推进战训耦合，大力推进体系练兵，大力推进科技练兵，全面推进军事训练转型升级，练就能战善战的精兵劲旅。

我军历来是打精气神的，过去钢少气多，现在钢多了，气要更多，骨头要更硬。要培育过硬战斗作风，发扬人民军队光荣传统和优良作风，发扬革命英雄主义和集体主义精神，培养敢于斗争、敢于胜利的血性胆魄，激发一不怕苦、二不怕死的英雄气概，锻造召之即来、来之能战、战之必胜的精兵劲旅。

（84）坚持走中国特色强军之路，奋力推进国防和军队现代化建设。坚持政治建军、改革强军、科技强军、人才强军、依法治军，全面推进军事理论、军队组织形态、军事人员、武器装备现代化，加快机械化信息化智能化融合发展，全面加强练兵备战，确保实现国防和军队现代化目标任务。要更加注重聚焦实战、更加注重创新驱动、更加注重体系建设、更加注重集约高效、更加注重军民融合，实现国防和军队建设更高质量、更高效益、更可持续的发展。

政治建军是我军的立军之本。发挥政治工作生命线作用，培养有灵魂、有本事、有血性、有品德的新一代革命军人，锻造铁一般信仰、铁一般信念、铁一般纪律、铁一般担当的过硬部队。全面加强新时代我军党的领导和党的建设工作，把党的政治优势和组织优势转化为制胜优势。以永远在路上的执着和韧劲，深入推进我军党风廉政建设和反腐败斗争。

深化国防和军队改革是实现中国梦、强军梦的时代要求，是强军兴军的必由之路。坚持军委管总、战区主战、军种主建总原则，深入推进军队组织形态现代化，加快构建中国特色现代军事力量体系，建立健全中国特色社会主义军事政策制度体系，不断解放和发展战斗力、解放和增强军队活力。

科技是核心战斗力。坚持向科技创新要战斗力，把我军建设模式和战斗力生成模式转到创新驱动发展的轨道上来。坚持自主创新战略基点，加强基础研究和原始创新，加快突破关键核心技术，加快发展战略性、前沿性、颠覆性技术，加快实施国防科技和武器装备重大战略工程，不断提高我军建设科技含量。

强军之道，要在得人。实施新时代人才强军战略，推动军事人员能力素质、结构布局、开发管理全面转型升级，锻造德才兼备的高素质、专业化新型军事人才。贯彻新时代军事教育方针，发挥院校教育、部队训练实践、军事职业教育综合育人功能，培养大批练兵备战行家里手。突出政治标准和打仗能力，把强军事业需要的人用起来，着力集聚矢志强军打赢的各方面优秀人才。

依法治军、从严治军是强军之基，是党建军治军的基本方略。把依法从严贯穿国防和军队建设各领域全过程，着力构建中国特色军事法治体系，推动实现治军方式的根本性转变，提高国防和军队建设法治化水平。加强权力运行制约和监督，切实把权力关进制度的笼子里。

（85）坚持富国和强军相统一，构建一体化的国家战略体系和能力。把军民融合发展上升为国家战略，是我们长期探索经济建设和国防建设协调发展规律的重大成果，是从国家发展和安全全局出发作出的重大决策，是应对复杂安全威胁、赢得国家战略优势的重大举措。要坚持全党全国一盘棋，最大程度凝聚军民融合发展合力，发挥好军民融合对国防建设和经济社会发展的双向支撑拉动作用，实现经济建设和国防建设综合效益最大化，加快形成全要素、多领域、高效益的军民融合深度发展格局。

军队打胜仗，人民是靠山。军政军民团结是我们的优良传统和政治优势。要完善国防动员体系，加强国防教育，增强全民国防观念，使关心国防、热爱国防、建设国防、保卫国防成为全社会的思想共识和自觉行动。要大力弘扬军爱民、民拥军的光荣传统，巩固发展坚如磐石的军政军民关系，汇聚起强国兴军的磅礴力量。

8. 维护网络、人工智能、数据安全

(86) 维护网络安全。网络安全和信息化事关党的长期执政，事关国家长治久安，事关经济社会发展和人民群众福祉。习近平总书记指出："没有网络安全就没有国家安全；过不了互联网这一关，就过不了长期执政这一关。"当今世界，一场新的全方位综合国力竞争正在全球展开，围绕网络空间发展主导权、制网权的争夺日趋激烈，网络安全威胁和风险日益突出，并日益向政治、经济、文化、社会、生态、国防等领域传导渗透。面对复杂严峻的网络安全形势，必须旗帜鲜明、毫不动摇坚持党管互联网，坚持积极利用、科学发展、依法管理、确保安全的方针，加大依法管理网络力度，加强网上正面宣传，推动信息领域核心技术突破，发挥信息化对经济社会发展的引领作

用，加强网信领域军民融合，主动参与网络空间国际治理进程，自主创新推进网络强国建设，提高网络安全保障水平。

国家网络安全工作要坚持网络安全为人民、网络安全靠人民，保障个人信息安全，维护公民在网络空间的合法权益。要坚持网络安全教育、技术、产业融合发展，形成人才培养、技术创新、产业发展的良性生态。要坚持促进发展和依法管理相统一，既大力培育人工智能、物联网、下一代通信网络等新技术新应用，又积极利用法律法规和标准规范引导新技术应用。要坚持安全可控和开放创新并重，立足于开放环境维护网络安全，加强国际交流合作，提升广大人民群众在网络空间的获得感、幸福感、安全感。

筑牢国家网络安全屏障。我们面临的网络安全问题，很多是意识问题，要树立正确的网络安全观。网络安全是整体的而不是割裂的，是动态的而不是静态的，是开放的而不是封闭的，是相对的而不是绝对的，是共同的而不是孤立的。关键信息基础设施是网络安全防护的重中之重。要加强网络安全检查，摸清家底，明确保护范围和对象，及时发现隐患、修补漏洞，着力构建全国一体化的关键信息基础设施安全保障体系，落实关键信息基础设施防护责任。感知网络安全态势是做好网络安全工作的基础，要加强网络安全信息统筹机制、手段、平台建设，加强网络安全事件应急指挥能力建设，实现对网络安全重大事件的统一协调指挥和响应处置。

增强网络安全防御能力和威慑能力。网络安全的本质在对抗，对抗的本质在攻防两端能力较量。要以技术对技术，以技术管技术，做到魔高一尺、道高一丈。互联网核心技术是我们最大的“命门”，核心技术受制于人是我们最大的隐患。要紧紧牵住核心技术自主创新这个“牛鼻子”，抓紧突破网络发展的前沿技术和具有国际竞争力的关键核心技术，加快推进国产自主可控替代计划，构建安全可控的信息技术体系。要实施网络信息领域核心技术设备攻坚战略，推动高性能计算、移动通信、量子通信、核心芯片、操作系统等研发和应用取得重大突破。要加强网络安全产业统筹规划和整体布局，培育扶持一批具有国际竞争力的网络安全企业。

网信事业发展必须贯彻以人民为中心的发展思想，把增进人民福祉作为信息化发展的出发点和落脚点。要依法加强网络空间治理，加强网络内容建设，做强网上正面宣传，推进网上宣传理念、内容、形式、方法、手段等创新，把握好时度效，构建网上网下同心圆，培育积极健康、向上向善的网络文化，坚决抵制各种错误思潮侵袭，为广大网民特别是青少年营造一个风清气正的网络空间。网络空间不是“法外之地”。要依法严厉打击网络黑客、电信网络诈骗、侵犯公民个人隐私等违法犯罪行为，切断网络犯罪利益链条，持续形成高压态势，维护人民群众合法权益。要深入开展网络安全知识技能宣传普及，提高广大人民群众网络安全意识和防护技能。

共同维护网络空间和平安全。网络安全是全球性挑战，没有哪个国家能够置身事外、独善其身，维护网络安全是国际社会的共同责任。要尊重网络主权，尊重各国自主选择网络发展道路、网络管理模式、互联网公共政策和平等参与国际网络空间治理的权利，不搞网络霸权，不干涉他国内政，不从事、纵容或支持危害他国国家安全的网络活动。各国应该共同努力，防范和反对利用网络空间进行的恐怖、淫秽、贩毒、洗钱、赌博等犯罪活动。不论是商业窃密，还是对政府网络发起黑客攻击，都应该根据相关法律和国际公约予以坚决打击。要共同遏制信息技术滥用，反对网络监听和网络攻击，反对网络空间军备竞赛。要推动制定各方普遍接受的网络空间国际规则，制定网络空间国际反恐公约，健全打击网络犯罪司法协助机制，打造网络安全新格局，构建网络空间命运共同体。

（87）确保人工智能安全、可靠、可控。人工智能是引领这一轮科技革命和产业变革的战略性技术，具有溢出带动性很强的“头雁”效应，正在对经济发展、社会进步、国际政治经济格局等方面产生重大而深远的影响。发展新一代人工智能，是关系我国核心竞争力的战略问题，是必须紧紧抓住的战略制高点。

深刻认识和牢牢把握新一代人工智能发展带来的重大机遇。要增加对基础性研究的投入，支持科学家勇闯人工智能科技前沿的“无人区”，努力在人工智能发展方向和理论、方法、工具、系统等方面取得变革性、颠覆性突破，做出更多从零到一的重大独创性贡献。要加快实施人工智能重大项目，力争尽早取得突破，确保我国在人工智能这个重要领域的理论研究走在前面、关键核心技术占领制高点。要围绕攻克关键核心技术、实现关键核心技术自主可控的战略使命，以问题为导向，增强人工智能科技创新能力，建立新一代人工智能关键共性技术体系，在补齐高端芯片、关键部件、高精度传感器等短板上抓紧布局，确保人工智能关键核心技术掌握在自己手里。

人工智能技术发展和其他技术进步一样，也是一把“双刃剑”。由于技术的不确定和应用的广泛性，人工智能发展可能带来改变就业结构、冲击法律和社会伦理、侵犯个人隐私、挑战国际准则等问题。我们要未雨绸缪，加强战略研判，加强前瞻预防和约束引导，最大限度降低风险。要加快建立人工智能安全监管和评估体系，加强人工智能对国家安全和保密领域影响的研究和评估，完善人、技、物、管配套的安全防护体系，构建人工智能安全监测预警机制。要整合多学科力量，加强人工智能相关法律、伦理、社会问题研究，建立健全保障人工智能健康发展的法律法规、制度体系、伦理道德。

（88）切实保障国家数据安全。浩瀚的数据海洋就如同工业社会的石油资源，蕴含着巨大生产力和商机，谁掌握了大数据技术，谁就掌握了发展的资源和主动权。要把握好大数据发展的重要机遇，促进大数据产业健康发展，处理好数据安全、网络空间治理等方面的挑战。

当前，数据安全问题比较突出，决不能掉以轻心。要加强关键信息基础设施安全保护，强化国家关键数据资源保护能力，增强数据安全预警和溯源能力。要加强政策、监管、法律的统筹协调，加快法规制度建设。要制定数据资源确权、开放、流通、交易相关制度，完善数据产权保护制度。要加强数据安全管理，规范互联网企业和机构对个人信息的采集使用，特别是做好数据跨境流动的安全评估和监管。一些涉及国家利益、国家安全的数据，很多掌握在互联网企业手里，企业要保证这些数据安全。要加大对技术专利、数字版权、数字内容产品及个人隐私等的保护力度，维护广大人民群众利益、社会稳定、国家安全。

面对各国对数据安全、数字鸿沟、个人隐私、道德伦理等方面的关切，我们要秉持以人为中心、基于事实的政策导向，携手打造开放、公平、公正、非歧视的数字发展环境。中国发起“全球数据安全倡议”，旨在共同构建和平、安全、开放、合作、有序的网络空间。要加强数据安全合作，共同完善数据治理规则，确保数据的安全有序利用。

9. 维护核安全

(89) 努力打造核安全命运共同体。核能发展伴生着核安全风险和挑战。人类要更好利用核能、实现更大发展，就必须应对好各种核安全挑战，维护好核材料和核设施安全。核能事业发展不停步，加强核安全的努力就不能停止。

加强核安全，既是我们的共同承诺，也是我们的共同责任。我们要坚持理性、协调、并进的核安全观，以公平原则固本强基，以合作手段驱动发展，以共赢前景坚定信心，把核安全进程纳入健康持续发展的轨道。坚持发展和安全并重，以确保安全为前提发展核能事业，要使核能事业发展的希望之火永不熄灭，就必须牢牢坚持安全第一原则；坚持权利和义务并重，以尊重各国权益为基础推进国际核安全进程，切实履行核安全国际法律文书规定的义务，全面执行联合国安理会有关决议，巩固和发展现有核安全法律框架；坚持自主和协作并重，以互利共赢为途径寻求普遍核安全，吸引更多国家加入国际核安全进程，争取实现核安全进程全球化；坚持治标和治本并重，以消除根源为目标全面推进核安全努力，实现核能的持久安全和发展。

中国一向把核安全工作放在和平利用核能事业的首要位置。中国将继续加强本国核安全，构建核安全能力建设网络，推广减少高浓铀合作模式，实施加强放射源安全行动计划，启动应对核恐怖危机技术支持倡议，推广国家核电安全监管体系。中国将坚定不移增强自身核安全能力，继续致力于加强核安全政府监管能力建设，加大核安全技术研发和人力资源投入力度。坚定不移维护地区和世界和平稳定，坚持和平发展、合作共赢，通过平等对话和友好协商妥善处理矛盾和争端，同各国一道致力于消除核恐怖主义和核扩散存在的根源。

加强国际核安全体系，是核能事业健康发展的基本前提，更是推进全球安全治理、构建新型国际关系、完善世界秩序的重要环节。强化政治投入，把握标本兼治方向。凝聚加强核安全的国际共识，对核恐怖主义零容忍、无差别，推动全面落实核安全法律义务及政治承诺。强化国家责任，构筑严密持久防线。从国家层面部署实施核安全战略，制定中长期核安全发展规划，完善核安全立法和监管机制。强化国际合作，推动协调并进势头。以国际原子能机构为核心，协调、整合全球核安全资源。强化核安全文化，营造共建共享氛围。法治意识、忧患意识、自律意识、协作意识是核安全文化的核心，要贯穿到每位从业人员的思想和行动中，使他们知其责、尽其职。

10. 维护生物、太空、深海、极地安全

（90）生物安全问题已经成为全世界、全人类面临的重大生存和发展威胁之一。生物安全关乎人民生命健康，关乎国家长治久安，关乎中华民族永续发展，是国家总体安全的重要组成部分，也是影响乃至重塑世界格局的重要力量。要深刻认识新形势下加强生物安全建设的重要性和紧迫性，按照以人为本、风险预防、分类管理、协同配合的原则，加强国家生物安全风险防控和治理体系建设，提高国家生物安全治

理能力，切实筑牢国家生物安全屏障，牢牢掌握国家生物安全主动权。

完善国家生物安全治理体系，加强战略性、前瞻性研究谋划，完善国家生物安全战略。要健全党委领导、政府负责、社会协同、公众参与、法治保障的生物安全治理机制，强化各级生物安全工作协调机制。健全国家生物安全法律法规体系和制度保障体系，加强生物安全法律法规和生物安全知识宣传教育，提高全社会生物安全风险防范意识。

重大传染病和生物安全风险是事关国家安全和发展、事关社会大局稳定的重大风险挑战。要强化系统治理和全链条防控，织牢织密生物安全风险监测预警网络，快速感知识别新发突发传染病、重大动植物疫情、微生物耐药性、生物技术环境安全等风险因素，建立健全重大生物安全突发事件的应急预案，完善快速应急响应机制，加强应急物资和能力储备，做到早发现、早预警、早应对。要盯牢抓紧生物安全重点风险领域，强化生物资源安全监管，制定完善生物资源和人类遗传资源目录。加强入境检疫，强化潜在风险分析和违规违法行为处罚，坚决守牢国门关口。加强对国内病原微生物实验室生物安全的管理，加强对抗微生物药物使用和残留的管理。

生命安全和生物安全领域的重大科技成果是国之

重器，疫病防控和公共卫生应急体系是国家战略体系的重要组成部分。加快推进生物科技创新和产业化应用，健全生物安全科研攻关机制，严格生物技术研发应用监管，严格科研项目伦理审查和科学家道德教育。加快推进人口健康、生物安全等领域科研力量布局，提高疫病防控和公共卫生领域战略科技力量和战略储备能力。要促进生物技术健康发展，有序推进生物育种、生物制药等领域产业化应用。要中西医结合、中西药并用，集成推广生物防治、绿色防控技术和模式，协同规范抗菌药物使用，促进人与自然和谐共生。

（91）要秉持和平、主权、普惠、共治原则，把太空、深海、极地等领域打造成各方合作的新疆域，而不是相互博弈的竞技场。

外层空间是人类共同的财富，探索、开发、和平利用外层空间是人类共同的追求。空间技术深刻改变了人类对宇宙的认知，为人类社会进步提供了重要动力，同时浩瀚的空天还有许多未知的奥秘有待探索，必须推动空间科学、空间技术、空间应用全面发展。中国倡导世界各国在平等互利、和平利用、包容发展的基础上，深入开展外空领域国际交流合作，合理开发、利用空间资源，保护空间环境，推动航天事业造福全人类。太空资产是国家战略资产，要管好用好，更要保护好。要统筹实施国家太空系统运行管理，提高管理和使用效益。要全面加强防护力量建设，提高容灾备份、抗毁生存、信息防护能力。要加强太空交通管理，确保太空系统稳定有序运行。要开展太空安全国际合作，提高太空危机管控和综合治理效能。

深海蕴藏着地球上远未认知和开发的宝藏，但要得到这些宝藏，就必须在深海进入、深海探测、深海开发方面掌握关键技术。要搞好海洋科技创新总体规划，坚持有所为有所不为，重点在深水、绿色、安全的海洋高技术领域取得突破，尤其要推进海洋经济转型过程中急需的核心技术和关键共性技术的研究开发。要深入开展大洋科学考察工作，开展深海远洋调查研究，提高深海勘探开发和运载能力。

北极问题已超出北极国家间问题和区域问题的范畴，涉及北极域外国家的利益和国际社会的整体利益，攸关人类生存与发展的共同命运，具有全球意义和国际影响。开发利用北极航道将为“一带一路”建设同欧亚经济联盟对接合作提供新契机、增添新平台、注入新动力，有利于加强同相关各方互联互通和互利共赢。安全和环保对北极通航至关重要。要深化与各方在北极科研、资源开发、地区环境保护等领域合作，维护并促进北极地区稳定和可持续发展。积极参与南极治理，加强与相关各方在南极科考等领域合作，更好地认识南极、保护南极、利用南极，努力为南极治理提供更加有效的公共产品和服务。

11. 维护海外利益安全

（92）重视海外安全，维护好海外利益。我国企业在海外投资形成的资产规模迅速扩大，我国公民出境人数迅速增加。目前，我们在国际上基本是不设防的，也没有什么有效手段。遇到重大风险可以集中撤侨，但对活动在全球各地的我国公民和法人，我们的安保能力十分有限。这也是我们的一个突出短板。

古人常说，“危邦不入，乱邦不居”。国际市场是个大空间，虽然说“天高任鸟飞，海阔凭鱼跃”，但往哪飞、有没有风浪也是要搞明白的，不能漫无目的乱飞，更不能往漩涡里钻。要注重了解国际事务，深入研究利益攸关国、贸易伙伴国、投资对象国的情况，做到心中有数、趋利避害。

要加强海外利益保护，确保海外重大项目和人员机构安全，保护我国海外金融、石油、矿产、海运和其他商业利益。要高度重视海外风险防范，完善安全风险防范体系，全面提高海外安全保障和应对风险能力，探索建立海外项目风险的全天候预警评估综合服务平台，加强海外利益保护、国际反恐、安全保障等机制的协同协作。要加强沟通和合作，共同维护海上航行自由和通道安全，构建和平安宁、合作共赢的海洋秩序。

（93）完善共建“一带一路”安全保障体系。要正确认识和把握共建“一带一路”面临的新形势。一方面，经济全球化大方向没有变，国际格局发展战略态势对我有利，共建“一带一路”仍面临重要机遇。另一方面，新一轮科技革命和产业变革带来的激烈竞争前所未有，气候变化、疫情防控等全球性问题对人类社会带来的影响前所未有，共建“一带一路”国际环境日趋复杂。

要统筹发展和安全、统筹国内和国际、统筹合作和斗争、统筹存量和增量、统筹整体和重点，积极应对挑战，趋利避害，奋勇前进。要处理好我国利益和“一带一路”沿线国家利益的关系，对外开放和维护国家安全的关系，加强同沿线国家在安全领域的合作，努力打造利益共同体、责任共同体、命运共同体。要落实风险防控制度，压紧压实企业主体责任和主管部门管理责任。要加强对境外我国公民疫情防控的指导和支持，统筹推进疫情防控和共建“一带一路”合作，全力保障境外人员生命安全和身心健康，突出防控措施的精准性，着力保障用工需求、人员倒班回国、物资供应、资金支持等。要教育引导我国在海外企业和公民自觉遵守当地法律，尊重当地风俗习惯。要加快形成系统完备的反腐败涉外法律法规体系，加大跨境腐败治理力度。各类企业要规范经营行为，决不允许损害国家声誉。

八、坚持把防范化解国家安全风险摆在突出位置

——关于新时代国家安全的中心任务

1.增强忧患意识、防范风险挑战要一以贯之

（94）“安而不忘危，存而不忘亡，治而不忘乱。”忧患意识是中华民族的一个重要精神特质。我们党在内忧外患中诞生，在磨难挫折中成长，在战胜风险挑战中壮大，始终有着强烈的忧患意识、风险意识。我们共产党人的忧患意识，就是忧党、忧国、忧民意识，这是一种责任，更是一种担当。我们党一步步走过来，很重要的一条就是不断总结经验、提高本领，不断提高应对风险、迎接挑战、化险为夷的能力水平。

谋划和推进党和国家各项工作，必须深入分析和准确判断世情国情党情。当前，我国形势总的是好的，但我们前进道路上面临的困难和风险也不少，甚至会遇到难以想象的惊涛骇浪。不发展有不发展的问

题，发展起来有发展起来的问题，而发展起来后出现的问题并不比发展起来前少，甚至更多更复杂了。过去长期困扰我们的一些矛盾不存在了，但新的矛盾不断产生，其中很多是我们没有遇到、没有处理过的。我们强调重视形势分析，对形势作出科学判断，是为制定方针、描绘蓝图提供依据，也是为了使全党同志特别是各级领导干部增强忧患意识，做到居安思危、知危图安。

(95) 中华民族伟大复兴，绝不是轻轻松松、敲锣打鼓就能实现的。越是接近目标，越需要全党同志增强信心、勠力同心，保持忧患意识、增强斗争精神，沉着应对各种风险挑战。习近平总书记强调："前进道路不可能一帆风顺，越是取得成绩的时候，越是要有如履薄冰的谨慎，越是要有居安思危的忧患，绝不能犯战略性、颠覆性错误。"

2. 坚持底线思维

(96) 当前和今后一个时期是我国各类矛盾和风险易发期，各种可以预见和难以预见的风险因素明显增多，各种风险挑战不断积累甚至集中显露。我们面临的风险也是多方面的，有外部风险，也有内部风险；有一般风险，也有重大风险。重大风险既包括国内的经济、政治、意识形态、社会风险以及来自自然界的风险，也包括国际经济、政治、军事风险等。

必须清醒地看到，新形势下我国国家安全和社会安定面临的威胁和挑战增多，特别是各种威胁和挑战联动效应明显。各种矛盾风险挑战源、各类矛盾风险挑战点是相互交织、相互作用的。如果防范不及、应对不力，就会传导、叠加、演变、升级，使小的矛盾风险挑战发展成大的矛盾风险挑战，局部的矛盾风险挑战发展成系统的矛盾风险挑战，国际上的矛盾风险挑战演变为国内的矛盾风险挑战，经济、社会、文化、生态领域的矛盾风险挑战转化为政治矛盾风险挑战，最终危及党的执政地位、危及国家安全。需要注意的是，各种风险往往不是孤立出现的，很可能是相互交织并形成一个风险综合体。

（97）分析国际国内形势，既要看到成绩和机遇，更要看到短板和不足、困难和挑战，看到形势发展变化给我们带来的风险，从最坏处着眼，做最充分的准备，朝好的方向努力，争取最好的结果。习近平总书记多次讲过“木桶原理”。木桶有短板就装不满水，但木桶底板有洞就装不了水。我们既要善于补齐短板，更要注重加固底板。防控和化解各种重大风险，就是加固底板。各种风险我们都要防控，但重点要防控那些可能迟滞或中断中华民族伟大复兴进程的全局性风险，这是底线思维的根本含义。

坚持实事求是、冷静客观是真正的自信，对最坏的情景一旦心中有数，就能迎难而上、化危为机，天塌不下来。必须树立底线思维，把困难估计得更充分一些，把风险思考得更深入一些，注重堵漏洞、强弱项，提高防控能力，用大概率思维应对小概率事件，牢牢守住不发生系统性风险的底线。

3. 下好先手棋、打好主动仗

（98）面对波谲云诡的国际形势、复杂敏感的周边环境、艰巨繁重的改革发展稳定任务，我们既要高度警惕“黑天鹅”事件，也要防范“灰犀牛”事件；既要有防范风险的先手，也要有应对和化解风险挑战的高招；既要打好防范和抵御风险的有准备之战，也要打好化险为夷、转危为机的战略主动战，力争不出现重大风险或在出现重大风险时扛得住、过得去。

预判风险所在是防范风险的前提，把握风险走向是谋求战略主动的关键。要强化风险意识，常观大势、常思大局，科学预见形势发展走势和隐藏其中的风险挑战，防患于未然、防患于萌发之时。要加强对各种风险源的调查研判，提高动态监测、实时预警能力。

必须积极主动、未雨绸缪，见微知著、防微杜渐，做好应对任何形式的矛盾风险挑战的准备，做好经济上、政治上、文化上、社会上、外交上、军事上各种斗争的准备。在战术上要高度重视和防范各种风险，早作谋划，及时采取应对措施，尽可能减少其负面影响。要提高风险化解能力，透过复杂现象把握本质，抓住要害、找准原因，果断决策，善于引导群众、组织群众，善于整合各方力量、科学排兵布阵，有效予以处理。

高度重视并及时阻断不同领域风险的转化通道，避免各领域风险产生交叉感染。要聚焦重点，抓纲带目，着力防范各类风险挑战内外联动、累积叠加，不断提高国家安全能力。推进风险防控工作科学化、精细化，对各种可能的风险及其原因都要心中有数、对症下药、综合施策，出手及时有力，力争把风险化解在源头，不让小风险演化为大风险，不让个别风险演化为综合风险，不让局部风险演化为区域性或系统性风险，不让经济风险演化为社会政治风险，不让国际风险演化为国内风险。

4. 把防范化解重大风险工作做实做细做好

（99）我们要打赢防范化解重大风险攻坚战，必须坚持和完善中国特色社会主义制度、推进国家治理体系和治理能力现代化，运用制度威力应对风险挑战的冲击。发展环境越是严峻复杂，越要坚定不移深化改革，健全各方面制度，完善治理体系，促进制度建设和治理效能更好转化融合。

健全风险防范化解机制，坚持从源头上防范化解重大安全风险，真正把问题解决在萌芽之时、成灾之前。强化忧患意识，提高政治警觉，增强工作预见性，不断创新理念思路、体制机制、方法手段。要统筹推进市场监管、质量监管、安全监管、金融监管，加快建立全方位、多层次、立体化监管体系，实现事前事中事后全链条全领域监管，堵塞监管漏洞。对直接关系人民群众生命财产安全、公共安全，以及潜在风险大、社会风险高的重点领域，要实施重点监管，防范化解重大风险。

（100）防范化解重大风险，是各级党委、政府和领导干部的政治职责，要勇于担责、善于履责、全力尽责，把防范化解重大风险工作做实做细做好。领导干部要有草摇叶响知鹿过、松风一起知虎来、一叶易色而知天下秋的见微知著能力，对潜在的风险有科学预判，知道风险在哪里，表现形式是什么，发展趋势会怎样，该斗争的就要斗争。既要高度警惕和防范自己所负责领域内的重大风险，也要密切关注全局性重大风险。对可能发生的各种风险，各级党委和政府要增强责任感和自觉性，把自己职责范围内的风险防控好，不能把防风险的责任都推给上面，也不能把防风险的责任都留给后面，更不能在工作中不负责任地制造风险。必须增强谨慎之心，对风险因素要有底线思维，对解决问题要一抓到底，一时一刻不放松，一丝一毫不马虎。要保持战略定力、坚持久久为功、坚持底线思维，充分考虑困难和问题，做好应对最坏情况的准备，发扬钉钉子精神，积小胜为大胜，一步一个脚印向前迈进，坚决防范各种风险特别是系统性风险。

九、坚持推进国际共同安全

——关于新时代国家安全的大国担当

1. 统筹自身安全和共同安全

（101）实现中华民族伟大复兴，不仅需要安定团结的国内环境，而且需要和平稳定的国际环境。当前，人类社会面临的治理赤字、信任赤字、发展赤字、和平赤字有增无减，实现普遍安全、促进共同发展依然任重道远。安全问题的联动性、跨国性、多样性更加突出。要坚持以全球思维谋篇布局，引导国际社会共同塑造更加公正合理的国际新秩序，共同维护国际安全，为我国改革发展稳定营造良好外部环境。

全球性威胁和挑战需要全球性应对。安全问题早已超越国界，任何一个国家的安全短板都会导致外部风险大量涌入，形成安全风险洼地；任何一个国家的安全问题积累到一定程度又会外溢成为区域性甚至全球性安全问题。各国应该坚定奉行双赢、多赢、共赢理念，在谋求自身安全时兼顾他国安全，努力走出一条互利共赢的安全之路。

（102）中国坚定不移走和平发展道路，既通过维护世界和平发展自己，又通过自身发展维护世界和平。走和平发展道路，是我们党根据时代发展潮流和我国根本利益作出的战略抉择，不是权宜之计，更不是外交辞令，而是从历史、现实、未来的客观判断中得出的结论，是思想自信和实践自觉的有机统一。

中国不认同“国强必霸”的陈旧逻辑。中华民族的血液中没有侵略他人、称王称霸的基因。一些人渲染“中国威胁论”，这或者是对中国历史文化和现实政策不了解，或者是出于一种误解和偏见，或者是有着某种不可告人的目的。中国从一个积贫积弱的国家发展成为世界第二大经济体，靠的不是对外军事扩张和殖民掠夺，而是人民勤劳、维护和平。

中国走和平发展道路，其他国家也都要走和平发展道路，只有各国都走和平发展道路，各国才能共同发展，国与国才能和平相处。中国决不会以牺牲别国利益为代价来发展自己，也决不放弃自己的正当权益，任何人不要幻想让中国吞下损害自身利益的苦果。

2. 推动树立共同、综合、合作、可持续的全球安全观

（103）“明者因时而变，知者随事而制。”靠冷战思维，以意识形态划线，搞零和游戏，既解决不了本国问题，更应对不了人类面临的共同挑战。只有基于道义、理念的安全，才是基础牢固、真正持久的安全。要倡导共同、综合、合作、可持续安全的新理念，走出一条共建、共享、共赢的安全新路。

共同，就是要尊重和保障每一个国家安全。安全应该是普遍的，不能一个国家安全而其他国家不安全，一部分国家安全而另一部分国家不安全，更不能牺牲别国安全谋求自身所谓绝对安全。安全应该是平等的，各国都有平等参与国际和地区安全事务的权利，也都有维护国际和地区安全的责任。安全应该是包容的，应该恪守尊重主权、独立和领土完整、互不干涉内政等国际关系基本准则，尊重各国自主选择的社会制度和发展道路，尊重并照顾各方合理安全关切。

综合，就是要统筹维护传统领域和非传统领域安全。要通盘考虑安全问题的历史经纬和现实状况，多管齐下、综合施策，协调推进安全治理。既要着力解决当前突出的地区安全问题，又要统筹谋划如何应对

各类潜在的安全威胁，避免头痛医头、脚痛医脚。

合作，就是要通过对话合作促进各国和本地区安全。要通过坦诚深入的对话沟通，增进战略互信，减少相互猜疑，求同化异、和睦相处。要着眼各国共同安全利益，从低敏感领域入手，积极培育合作应对安全挑战的意识，不断扩大合作领域、创新合作方式，以合作谋和平、以合作促安全。

可持续，就是要发展和安全并重以实现持久安全。贫瘠的土地上长不成和平的大树，连天的烽火中结不出发展的硕果。放眼世界，可持续发展是各方的最大利益契合点和最佳合作切入点，是破解当前全球性问题的“金钥匙”。要坚持发展和安全并重，以可持续发展促进可持续安全。

3. 完善全球安全治理体系

（104）当今世界仍不太平，国际热点此起彼伏，加强全球安全治理刻不容缓。要高举合作、创新、法治、共赢的旗帜，推动全球安全治理体系朝着更加公平、更加合理、更加有效的方向发展。坚持合作共建，实现持久安全。大国具备更多资源和手段，应该发挥好自己的作用，同时要支持和鼓励其他国家特别是广大发展中国家广泛平等参与全球安全治理，努力为各国人民创造持久的安全稳定环境。坚持改革创新，实现共同治理。不断提高全球安全治理的整体性和协同性，提升安全治理效能，提高预测预警预防各类安全风险能力，增加安全治理的预见性、精准性、高效性。坚持法治精神，实现公平正义。对同一性质的安全问题，特别是反恐、难民、疫情等问题，不能根据本国眼前利益对别国采取截然相反的态度，不能搞双重标准。坚持互利共赢，实现平衡普惠。必须摈弃唯我独尊、损人利己、以邻为壑等狭隘思维，只有坚持和平发展、携手合作，才能真正实现共赢、多赢。

要更好利用国际体系的力量遏制单边主义、保护主义、霸权主义、强权政治。世界只有一个体系，就是以联合国为核心的国际体系。只有一个秩序，就是以国际法为基础的国际秩序。只有一套规则，就是以联合国宪章宗旨和原则为基础的国际关系基本准则。各国应该坚决维护联合国权威和地位，共同践行真正的多边主义。国际规则只能由联合国一百九十三个会员国共同制定，不能由个别国家和国家集团来决定。国际规则应该由联合国一百九十三个会员国共同遵守，没有也不应该有例外。不能谁胳膊粗、拳头大谁说了算，也不能以多边主义之名、行单边主义之实。“有选择的多边主义”不应成为我们的选择。要继续致力于推动国际关系民主化。在国际关系中动辄制裁或以制裁相威胁，无助于解决问题。要倡导通过对话和谈判，以和平和政治方式解决分歧。要充分发挥联合国及其安理会在止战维和方面的核心作用。秉持共商共建共享理念，探索合作思路，创新合作模式，不断丰富新形势下多边主义实践。

要推动建设国际经济金融领域、新兴领域、周边区域合作等方面的新机制新规则，推动建设和完善区域合作机制，加强国际社会应对资源能源安全、粮食安全、网络信息安全、应对气候变化、打击恐怖主义、防范重大传染性疾病等全球性挑战的能力。面对仍在肆虐的新冠肺炎疫情，我们要坚持科学施策，倡导团结合作，弥合“免疫鸿沟”，反对将疫情政治化、病毒标签化，共同推动构建人类卫生健康共同体。面对恐怖主义等人类公敌，我们要以合作谋安全、谋稳定，共同扎好安全的“篱笆”。面对脆弱的生态环境，我们要坚持尊重自然、顺应自然、保护自然，共建绿色家园。面对气候变化给人类生存和发展带来的严峻挑战，我们要勇于担当、同心协力，共谋人与自然和谐共生之道。

4. 积极塑造外部安全环境

（105）推动构建相互尊重、公平正义、合作共赢的新型国际关系，努力营造良好国际环境。要用好统一战线这个法宝，团结大多数，搞好大联合，不要四面出击，不搞关门主义。要坚持对话而不对抗、包容而不排他，在坚持不结盟原则的前提下广交朋友，形成遍布全球的伙伴关系网络。

大国关系事关全球战略稳定。中国致力于推进大国协调合作，坚持构建总体稳定、均衡发展的大国关系。新时代中俄全面战略协作伙伴关系动力十足、前景广阔。中俄要深化反干涉合作，将各自国家前途命运牢牢掌握在自己手中。两国作为具有全球影响的重要力量，要为捍卫国际公平正义、维护世界和平稳定、促进共同发展繁荣发挥中流砥柱作用。中美分别是最大的发展中国家和最大的发达国家，中美能否处理好彼此关系，攸关世界前途命运。中美相处应该坚持三点原则：相互尊重、和平共处、合作共赢。中美利益深度交融，合则两利、斗则俱伤。要坚持互利互惠，不玩零和博弈，不搞你输我赢。中美两国是两艘在大海中航行的巨轮，我们要把稳舵，使中美两艘巨轮迎着风浪共同前行，不偏航、不失速，更不能相撞。中欧作为全球两大重要力量，要在相互尊重、公平正义、合作共赢基础上携手推进中欧和平、增长、改革、文明四大伙伴关系建设，共同致力于解决和平与发展的世纪难题，为维护世界和平稳定发挥关键性作用。

中国视周边为安身立命之所、发展繁荣之基。我国同周边国家毗邻而居，开展安全合作是共同需要。按照亲诚惠容理念和与邻为善、以邻为伴周边外交方针，深化同周边国家关系。通过和平方式处理同有关国家的领土主权和海洋权益争端，支持对话协商解决地区热点问题。中国参与创建亚洲相互协作与信任措施会议、上海合作组织、亚洲基础设施投资银行等多边安全和发展机制，支持东盟、南盟、阿盟等发挥积极作用，为亚洲稳定和繁荣作出重要贡献。要推进同周边国家的安全合作，加强地区各项安全机制协调，逐步探讨构建符合亚洲特点的地区安全合作新架构，着力维护周边和平稳定大局。

广大发展中国家是我国在国际事务中的天然同盟军。中国秉持正确义利观和真实亲诚理念加强同发展中国家团结合作，坚定不移致力于提高发展中国家在国际治理体系中的代表性和发言权，坚定支持广大发展中国家维护自身主权、安全、发展利益的正义斗争。

5. 共同构建普遍安全的人类命运共同体

（106）人类是一个整体，地球是一个家园。任何人、任何国家都无法独善其身。实现各国共同安全，是构建人类命运共同体的题中应有之义。新冠肺炎疫情的发生再次表明，人类是一个休戚与共的命运共同体。国际社会必须守望相助，携手应对风险挑战，共建美好地球家园。

世界上的问题错综复杂，解决问题的出路是维护和践行多边主义，推动构建人类命运共同体。我们应该大力弘扬和平、发展、公平、正义、民主、自由的全人类共同价值，共同为建设一个更加美好的世界提供正确理念指引。推动构建人类命运共同体，不是以一种制度代替另一种制度，不是以一种文明代替另一种文明，而是不同社会制度、不同意识形态、不同历史文化、不同发展水平的国家在国际事务中利益共生、权利共享、责任共担，形成共建美好世界的最大公约数。

大道至简，实干为要。构建人类命运共同体，关键在行动。习近平总书记提出构建全球发展共同体、安全共同体、网络空间命运共同体、核安全命运共同体、人类卫生健康共同体、人与自然生命共同体、海洋命运共同体等倡议。中国在办好自己事情的同时，始终认真履行自己的责任，遵守国际规则，履行国际义务，积极参与并倡导国际安全合作和全球安全治理，为世界和平与发展不断贡献中国智慧、中国方案、中国力量。

（107）“一带一路”建设是推动构建人类命运共同体的重要实践平台。促进互联互通、坚持开放包容，是应对全球性危机和实现长远发展的必由之路，共建“一带一路”国际合作可以发挥重要作用。在党中央坚强领导下，我们统筹谋划推动高质量发展、构建新发展格局和共建“一带一路”，坚持共商共建共享原则，把基础设施“硬联通”作为重要方向，把规则标准“软联通”作为重要支撑，把同共建国家人民“心联通”作为重要基础，推动共建“一带一路”高质量发展，取得实打实、沉甸甸的成就。

“一带一路”源自中国，但属于世界。我国是“一带一路”的倡导者和推动者，但建设“一带一路”不是我们一家的事。“一带一路”建设不应仅仅着眼于我国自身发展，而是要以我国发展为契机，让更多国家搭上我国发展快车，帮助大家实现发展目标。共建“一带一路”是经济合作倡议，不是搞地缘政治联盟或军事同盟；是开放包容进程，不是要关起门来搞小圈子或者“中国俱乐部”；是不以意识形态划界，不搞零和游戏。“一带一路”是大家携手前进的阳光大道，不是某一方的私家小路。所有感兴趣的国家都可以加入进来，共同参与、共同合作、共同受益。我们愿同合作伙伴一道，把“一带一路”打造成团结应对挑战的合作之路、维护人民健康安全的健康之路、促进经济社会恢复的复苏之路、释放发展潜力的增长之路。通过高质量共建“一带一路”，携手推动构建人类命运共同体。

（108）中国共产党始终把为人类作出新的更大的贡献作为自己的使命。站在新的历史起点，中国将坚持走和平发展之路，始终做世界和平的建设者；坚持走改革开放之路，始终做全球发展的贡献者；坚持走多边主义之路，始终做国际秩序的维护者，推动建设持久和平、普遍安全、共同繁荣、开放包容、清洁美丽的世界，让人类命运共同体建设的阳光普照世界！

深入学习贯彻总体国家安全观 不断开创新时代 国家安全工作新局面

（109）思想是行动的先导，理论是实践的指南。总体国家安全观把我们党对国家安全的认识提升到了新的高度和境界，为破解我国国家安全面临的难题、推进新时代国家安全工作提供了根本遵循，是指导新时代国家安全工作的强大思想武器。

坚持用总体国家安全观武装头脑、指导实践、推动工作，是学习贯彻习近平新时代中国特色社会主义思想、全面推进新时代中国特色社会主义事业的必然要求，是坚持党对国家安全工作的绝对领导、维护党中央权威和集中统一领导的必然要求，是驾驭纷繁复杂国家安全形势、提高全党斗争本领和应对风险挑战能力的必然要求。深入学习贯彻总体国家安全观，对于战胜前进道路上的一切风险挑战，坚决维护我国主权、安全、发展利益，坚持和发展中国特色社会主义，具有十分重要的意义。

（110）学习贯彻总体国家安全观，要在学、思、用上下功夫，坚持原汁原味学、全面系统学、及时跟进学、深入思考学、联系实际学，做到学懂弄通做实。

要真学深学，做到学懂。带着信念学、带着感情学、带着使命学，把每一点都领会到位、领会透彻，做到知其表更知其里，知其言更知其义。要深刻认识总体国家安全观的时代意义、理论意义、实践意义、世界意义，深刻理解总体国家安全观的核心要义、精神实质、丰富内涵、实践要求、科学方法，深刻把握总体国家安全观的“一个总体”和“十个坚持”，进一步提高政治站位、树立历史眼光、增强大局观念、强化系统思维。

要多思多想，做到弄通。深入思考、全面理解、融会贯通，把总体国家安全观放在习近平新时代中国特色社会主义思想的科学体系中，放在全面建设社会主义现代化国家、向第二个百年奋斗目标进军的新发展阶段中，放在党的十八大以来国家安全取得的历史性成就、发生的历史性变革中来学习、来领悟、来把握，同学习党史、新中国史、改革开放史、社会主义发展史贯通起来，同新时代进行具有许多新的历史特点的伟大斗争贯通起来，准确把握蕴含其中的理论逻辑、历史逻辑、实践逻辑，切实把思想和行动统一到党中央关于国家安全工作的重大决策部署上来。

要学以致用，做到做实。坚持理论联系实际，胸怀两个大局，牢记“国之大者”，紧密结合当前国家安全形势和任务，把自己摆进去、把职责摆进去、把工作摆进去，常怀远虑，居安思危，更加自觉地把总体国家安全观贯彻落实到党和国家工作大局中，贯彻落实到统筹发展和安全、构建新安全格局的伟大实践中，贯彻落实到坚决打好防范化解重大风险攻坚战中，贯彻落实到推进国家安全体系和能力现代化的创新探索中，一茬接着一茬干，一以贯之抓落实，一张蓝图绘到底，切实把学习成果转化为推进国家安全工作的实际成效。

（111）突出抓好领导干部这个“关键少数”。各级领导干部是维护国家安全的中坚力量，是国家安全战略和任务的主要组织者、实施者，必须以更高标准、更严要求、更实举措深入学习贯彻总体国家安全观，不断提高政治判断力、政治领悟力、政治执行力，自觉做总体国家安全观的坚定信仰者、模范践行者、忠实捍卫者，做到守土有责、守土负责、守土尽责。要切实履行好组织推动学习贯彻的领导责任，充分发挥带学促学作用，以上率下、率先垂范，先学一步、学深一层，组织落实好本地区本部门的学习教育，一级抓一级，层层抓落实，推动总体国家安全观学习贯彻走深走实走心。

国家安全一切为了人民、一切依靠人民。强化人民群众的国家安全意识，是国家安全的固本之策和长久之计。要坚持集中性宣传教育与经常性宣传教育相结合，创新内容、方式和载体，开展人民群众喜闻乐见的宣传教育活动，营造国家安全人人有责的浓厚氛围，引导广大人民群众认真学习贯彻总体国家安全观，增强国家安全意识，牢记国家安全责任，提升维护国家安全能力，筑牢维护国家安全的钢铁长城。

青年是实现中华民族伟大复兴的先锋力量。维护国家安全需要一代代青年接续奋斗。要坚持不懈用总体国家安全观武装青年头脑，引导广大青年树立对中国特色国家安全道路的坚强信念，坚定正确政治方向；引导广大青年增强忧患意识，切实担负起维护国家安全的历史责任；引导广大青年在维护国家安全的宏伟实践中发挥生力军作用，书写人生华丽篇章。

深入学习贯彻总体国家安全观，是一项长期的政治任务，必须持续推进、不断深化，锲而不舍、久久为功。要精心谋划、周密部署，多措并举、落细落实，把总体国家安全观作为各级党委（党组）理论学习中心组学习重点内容、列入党校（行政学院）和干部学院重点课程，把学习贯彻延伸到基层、拓展到各个单位、覆盖到广大干部群众，真正把总体国家安全观参悟透、领会准，不断强化深入学习贯彻总体国家安全观的思想自觉、理论自觉、行动自觉。

（112）当今世界百年未有之大变局加速演进，我国正处在实现中华民族伟大复兴的关键时期，面临许多难关和风险挑战，维护国家安全的任务艰巨、责任重大、使命光荣。我们要坚定斗争意志、永葆斗争精神、讲究斗争策略、加强斗争历练、增强斗争本领，逢山开道、遇水架桥，勇于战胜一切风险挑战，牢牢掌握新时代国家安全工作的主动权。

全党全国人民要更加紧密地团结在以习近平同志为核心的党中央周围，全面贯彻落实总体国家安全观，牢记初心使命，勇于担当作为，毫不动摇坚持党对国家安全工作的绝对领导，坚定不移走中国特色国家安全道路，为实现第二个百年奋斗目标、实现中华民族伟大复兴的中国梦提供坚强保障！

图书在版编目（CIP）数据

总体国家安全观学习纲要 / 中共中央宣传部，中央国家安全委员会办公室编．-- 北京：学习出版社：人民出版社，2022.4（2022.10 重印）

ISBN 978-7-5147-1151-6

Ⅰ.①总…　Ⅱ.①中…　②中…　Ⅲ.①国家安全－中国－学习参考资料　Ⅳ.①D631

中国版本图书馆CIP数据核字（2022）第053927号

总体国家安全观学习纲要

ZONGTI GUOJIA ANQUANGUAN XUEXI GANGYAO

中共中央宣传部　中央国家安全委员会办公室

责任编辑：边　极　任　民
技术编辑：纪　边
封面设计：杨　洪

出版发行：学习出版社　人民出版社
北京市崇外大街11号新成文化大厦B座11层（100062）
010-66063020　010-66061634　010-66061646
网　　址：http://www.xuexiph.cn
经　　销：新华书店
印　　刷：北京盛通印刷股份有限公司

开　　本：850毫米×1168毫米　1/32
印　　张：5.125
字　　数：87千字
版次印次：2022年4月第1版　2022年10月第16次印刷

书　　号：ISBN 978-7-5147-1151-6
定　　价：11.00元

出版物版权追溯码与听书码合二为一，位于本书封底，请微信扫码验真伪、听全书。
如有印装错误，请与本社联系调换，电话：010-67087598　010-67081356